H.2466
2

~~D.9596~~

10167

LA VITA DI CATHERINA VERGINE COMPOSTA PER M. PIETRO ARETINO.

CON PRIVILEGIO.

AL GRAN MARCHESE DEL VASTO

Eccoui o Signore l'opera, che ui ho fatto, non qual pensaste forse ch'io ui facesse, ne come haurei uoluto farui; ma nel modo che mi è suto concesso, che io ui facci; e s'auuiene, che non ci sia alcuno di quegli spiriti con cui desideraua, che ella respirasse scusate me, che per esser di carne non posso esplicare i concetti diuini. egli bisogna a chi uole, che il suo intelletto entri ne le cose di Dio, riempierlo prima di dottrine celesti: acciò possa renderfi capace a poterle esprimere, e dipoi seguestrare e purificar l'anima da ogni affetto terreno. la qual cosa è dono tanto proprio di coloro, che ne han parlato con la lingua de lo Spiritosanto, quanto in proprio a me, che ho tentato di scriuerne con la penna de la fragilita. Veramente l'ardire, che mi faceua comporre in materia sacra, mi si è conuerso in timore, concio sia, che tali imprese si debbono a i giusti, e non a gli erranti. Io tremo solo a pensare come uoi, che sete una cosa sublime, un suggetto magnanimo, et uno atto fatale; hauiate spinto me ignorante a dire di quella Vergine, che amuti si graue stuolo di sapienti: onde se uoi non trouate la uirtu mia ne la proua che una uolta ui sete mosso a farne, de la grandezza che io ho trouata la liberalita uostra ne la esperienza, che sempre ne feci; datene la colpa ad Alphonso Daualo, ilquale ha uoluto che io formi un libro intero; d'una leggenda, che non empie un foglio mezzo; tal che io uorrei, che la sterilita di cotale historia fusse stata imposta a lo studio di qualunche si uoglia; io non dico ciò per quel, che altri si crede, che mi paia saper piu de gli altri, ma per quel, che gli altri stimano d'intender piu di me. che potria mai fare lo stupendo artificio del diuin Buo

naruoti nel dipignere in poco spatio un concistoro apostolico.
non gi essendo lecito di uestire lo assiso Pontefice, ne i seden
ti Cardinali d'altro che di rosso, e di pauonazzo: ecco lo scri
uer mio sempre ne l'ire, ne le minacce, ne le prigioni, ne gli
spauenti, ne i suplitij, e ne le morti si sostien quasi tutto in
sul dosso de la inuentione peroche oltre, che ogni cosa che ri
sulta in gloria di Dio e autentica l'opera, che in se stessa è po
ca, sarebbe nulla senza lo aiuto, che io le ho dato meditan
do. Hor come si sia, io ui mādo il uolume al nome uostro dedi
cato, et a uostro nome composto, e nel mandaruelo me ne ralle
gro ne la maniera, che me ne dolgo per non potere ancho man
darlo a colui, che per esser suta santa Caterina auuocata sua,
come è di uoi, me la dimandò con istantia feruidamente reli
giosa. io parlo di quel buon Duca di Mantoua, la real cō dition
del quale saria stata di piu felice uita, e di piu beata memoria
che ueruna altra mai; se il generoso de la bonta di lui hauesse
men creduto al maligno de la fraude altrui. egli che fu di pla
cida affabilita, di pronta cortesia, di dolce aspetto, e di mansue
te natura, non era per guardar punto de le cose postegli inanzi
da la inhumana maluagita di chi gli amministraua la buona fi
danza: se l'otio del suo mezzo, e la pigritia del suo fine,
non s'inimicaua con l'armi, e con la fama del suo glorioso
principio. Ma perche è meglio il uedere la sposa di Giesu in
Cielo, che il legger la sua uita in terra, essendo si fatto Prin
cipe lassuso, nel darmene pace; mi inchino al soprano ualore
de l'altissima uostra eccellenza. Di Venetia il XXV.
di Decembre. M D X X X X.

Pietro Aretino.

PRIMO LIBRO DE LA VITA DI CA TERINA VERGINE ELET= TA AL MARCHESE DEL VASTO PRINCIPE OTTIMO.

DA, che la madre di Caterina pur si morì par torendola: Costo Re inclito di genitore le diuentò nutrice e dal latte, che non potea darle in fuora, interueniua ne gli uffici di tutte le cure necessarie al gouerno di chi ci nasce, egli già uecchio mostraua di ringiouanire nel piacere che traheua ne lo spiegare, e ne lo scaldare i panni sottili, e le fasce candide, con le quali la discretione de la Balia la riuolgeua, e la cingeua. Vn piaceuol riguardo era quello, che il buon Principe faceua di se stesso, mentre recatesela in braccio la trastullaua con la tenerezza de i uezzi, e per che la sembianza filiale non uariaua punto dal sembiante paterno parea; ch'egli nel contemplarla si specchiasse in se medesimo; e fornito di bersela con gliocchi, e co i basci se la ristringneua al petto con tanto feruor di carita, che l'affetto le riuniua con la carne, col sangue, e con l'ossa ch'egli le haueua dato. Crebbe la bambina non men uaga, che dolce, e crescendo ella, tali nel contorno de la sua indole si comprendeuano l'eccellenze de le marauiglie, che deueuano risplendere in lei, quali nel cerchio d'un rosaio si comprendano le moltitudini de le boccie, che denno aprirsi in lui. onde la Maestà del Padre dimenticatosi ogni altra impresa: locando il fine de i suoi diletti in si gran figliuola subito, che ella con lingua isnodata cominciò a chiamarlo per nome, mossa

A iii

LIBRO

da i miracoli, che accennaua di far lo acuto del suo ingegno; fece uenire a lei qualunche donna potè trouarsi di dotta mano; ma auedutosi, che la nobiltà di cotanto spirito sdegnaua il trastullo de le cose uili, e che nel prendere il pettine, le forbici, l'aco, et il fuso simigliaua un gusto infermo schifo de le uiuande, mutò consiglio e le fece condurre inanzi uno interprete di molte scienze. Tosto che la uirginella uidde succedere i libri a gli strumenti, che adopra l'arte de l'otio feminile, rihebbe tutto l'animo, peroche le scritture erano il uero cibo del suo intelletto, corse a quegli come fanciullo a i frutti. Ma per non trouarsi niun precetore, che non sia discepolo di Dio, e de la Natura; ella conuerse in prestezza la tardità de lo imparare, et instrutta da la gratia di questa, et aiutato dal fauor di quello, apprendeua piu da se stessa, che altri non le insegnaua.

Chi uidde mai una pergola giouanetta alhora, che il sugo de la terra, il uigor del Sole, e la bontà de la stagione si compiacciono ne i suoi accrescimenti, onde sollecitano non pure il uestirla di pampani, ma di ingemmarla de le uue che giu pendenti al tempo debito indolciscano l'asprezza de i lor grappoli; aguaglila a gli studi di Caterina, le uigilie de i quali dileuandosi ne i suoi profitti annūtiauano la pace, e la salute, ch'essi doueuano spargere ne l'anime altrui. e perche le uirtu de i figli sono i thesori de i padri colui, che la ingenerò ne haueua quella gelosia, che hanno gli auari de le ricchezze. e parendogli, che il fauellarne causasse in lui una nutritiua contentezza ne parlaua sempre: e quando uoleua farne comparatione che gli sodisfacesse, ecco duce egli la mia figliuola unica è simile a la fertilita di Aprile, e si come il mese felice non lascia mancar momento, che non procrei fiori, che non apra uiole, e che non multiplichi frondi, cosi ella non trapassa spatio di ueruno attimo indarno. ciò detto si rimaneua sospeso, peroche il suo pensiero innamorato da la fanciullina; rapresentandogliene ne l'animo, lo interteneua con la dolcezza di un piacer tacito. dipoi mosso da lo stimolo di quel timore, che con i dubbi de i pericoli impossibili a interuenire, preme di continuo i sensi paterni; se ne andaua a lei con dirle

A me figlia son piu care le lunghezze de la uita, ch'io ti bramo, che la moltitudine de le intelligentie, che tu cerchi, si che componti con i uolumi, che ad ogni hora riuolgi, e dandogli le hore, che se gli conuengono; assegna una tregua lecita al respirar di te stessa. ripositi talhor meco, conforta la uista con l'aria, uattene su per l'herbe, e ristorati con gli spassi, peroche la palidezza che ti offusca lo splendor del uiso non mi piace punto, onde ho paura che lo accidente di qualche infermita occulta; non abatta te nel letto, e me ne la sepoltura.

Nel fine di tali parole cadeuangli giu per le gote alcune lagrime non men grosse, che calde, onde Caterina con la humilta de la riuerentia le porgea la mano; e per esser dotata di gioconda soauita di parlare, lo consolaua in un tratto, ella che se ne portò la eloquenza da la culla, e prima fu sauia, che donna; gli diceua con uoce di gratioso sermone, non sapete uoi padre, che la mente se nutrisce imparando, e che il pensiero è sempre uago di uedere, e di essercitare ciò che piu gli aggrada? e perche il principio del ben fare è

A iiii

LIBRO

il desiderar di far bene, et il cominciamento de la sapienza è il desiderio di sapere. le uolontadi humane si riuolgano a quelle cose, dietro a la cui notitia è tirato lo istinto naturale, tal che io quando ben uolessi non potrei ritrarmi dal comertio de le carte ch'io leggo.

Per non poter raffrenarsi la tenerezza regia nel uedere con che profondo passo saliua a la gloria la figlia unigenita, rotole la feruentia del dire con lo strepito de lo stupore declinando la bocca graue ne le guance delicate, ci stampaua con l'atto del bascio l'affetto del core, e statosi un poco in silentio seruando il decoro de la mansuetudine, diceua tu sola ne la etade in cui è poca fermezza di consiglio, hai stabilito il senno: la tua anima bellissima è si bene informata de le sue prouidentie, che il mondo è certo di quel, che gli promettano le conditioni, che ti fanno tale : soggiugnendo il natal nostro areca con seco ogni attion de la uita: ecco le perle et i diamanti ritranno il pregio del loro essere da le conche, e da le minere, che le producano, e noi la gratia et il sapere da le poppe, che ci lattano ; e lo studio, che ci fa migliori è l'artefice, che pone in opra le gioie predette ; egli cosi diceua e lasciauela.

Non rilucano tante fila d'herbe ne i prati di Maggio quante esclamationi traheuano da le lingue de i popoli i benemeriti di Caterina, e come la turba uoleua sommare tutte le gratie in uno ; allegaua lei : onde la fama inuaghita di si alto soggetto, in lei spiegaua le sue uoci, et a lei offeriua i suoi gridi, tal che la eccellente maestà del padre andaua piu altero de la figliuola, che superbo del regno. Intanto l'odore de le sue operationi, che quasi Gigli purificati da l'Al

ua; et imbiancati dal dì si dimostrauano in terra, si fece
sentire in Cielo tal, che Iddio le affissò il guardo sopra e
penetrandole il petto con esso uidde sì caste, sì calde, e sì
constanti le intentioni, che le amministrauano il core, che
la elesse per Ancilla sua, e per isposa di Christo, onde
sparse ne le orecchie a lei, che dormiua, il ribombo d'una
uoce simile a quelle, che escano da la uehementia di molte
acque alhora che lo impeto, che le preme fuor de i nuuoli le uersa in sù le cime de i tetti. sonar le note de la fauella diuina, o Caterina illustre Vergine cerca le parole
del Signore ne le scritture sacrate, e leggile se uuoi con-
seguire il grado de la beatitudine.

L'udir di cotal cosa tolse a la fanciulla il sonno, e l'animo,
perciò, che i detti i quali esprimano i concetti superni spauentano, e confondano come i terrori de i baleni, e de i
tuoni. Doppo la marauiglia del sogno, la Vergine si rimase a guisa di colui, che si accorge, che la uia fatta da la
frequentia de i suoi passi non è la strada, che dee condur-
lo a lo albergo, per la qual cosa alzato il capo, e tese le ci
glia ua cercando con gli occhi un, che gli insegni il camino,
e tosto che uede apparire l'huomo desiderato, se ne rallegra
come la mattina per tempo si rallegrò Caterina, del uenire
a lei un Romito, la santimonia del quale se era fatta
perfetta ne lo alpestro d'uno horrido monte. egli spronato
da la ispiration celeste, le comparse inanzi quasi ombra inui
sibile, et affigendole la uista nel uiso, la riempiè tutta di ti
mor riuerente. uno spirito trasfigurato pareua la real gio
uincella mentre al uecchion giusto contemplaua il trafitto
de la faccia, e la pelle secca in sul teschio già ripolito da

gli anni, e perche la barba gli pendeua dal mento a la cen
tura con maestà uenerabile, gli inchinò come cosa deifica=
ta, intanto il cittadino de l'hermo solo essempio de l'ora=
tione, del degiuno, e de la penitentia se la fece sedere
incontra, e tosto che si ristrinse nel gesto in cui l'honestà
del caso lo acconciò le disse

L'arbore figliuola in Christo, che non si alleggerisce de i rami
soperchi non puo crescere in alto, io parlo ciò a proposito
de le scienze: le quali col uariar loro preoccupano in te
la conoscenza del sapere certo et infallibile. leggi Cateri=
na i Propheti: leggigli Caterina, che altro sono, che argo=
menti di pareri repugnanti insieme. le oppenioni de le phi=
losophie paiono larue de le difformità, e notti de le confu
sioni; le inteligentie humane sono tanto inferiori a le diui=
ne, quanto è minore l'humanitade, che la diuinita; gli accor=
gimenti de la quale spianano il dritto de la ueritade, e non
contradicano a la torta inuestigation del uero. non si perde
la eletion Hebraica nel mouer la ragion sua, con ischer=
no de l'altrui. Vergognossi Platone poi, che hebbe impa=
rato quel che Orpheo, Democrito, Phericide, Pitagora,
Socrate, e Mosè gli insegnarono di non confessare il mondo
intelligibile, et il sensibile, in questo habitiam noi, et in
quello la uerita, e per accostarsi il gran Dottore al bene lo
prezzò piu, che gli altri che si scoston da Christo; la cui pro
uidentia dimostrò, che il suo regno non era in questo mon=
do. o donzella nobile, o nobile donzella seguita Giesu, se=
guitalo dico se uuoi, che la tua mente non pericoli dietro a
le uanitadi. Trascendi con lo acuto del giuditio a quel
principio, che senza hauer principio è autore del principio.

Sappi, che il motor solo per causa de la generatione huma na, constituì il tutto in modo, in spetie, in ordine, in misura, in numero, in peso, in essentia, in virtu, in operatione, in cominciamento, in mezo, et in fine. dipoi creò l'uniuerso accioche natici noi, oltre lo amarlo, il seruissimo; preponendoci in premio la beatitudine, a la quale non si puote peruenire senza il conoscimento de la Ternità sua. Iddio onnipotente senza diuidersi da lo esser di se solo è Padre in carita, Figliuolo in dilettione, e Spirito santo in amore, e si come amore, dilettione, e carita son tre nomi in una effetto istesso, cosi Spirito santo, Figliuolo, e Padre son tre persone in uno esser medesimo.

Pareua Caterina conuersa ne la udienza del sacro dire una rosa, che in su l'hora matutina si riempie di rugiada et apresi, e quel prò che sente l'herba riarsa dal Sole nel sugger de la pioggia; sentiua ella ne lo apprendere le gran parole del Santo: le auuertenza delquale uedendola astrata ne la attentione seguitò, o unica speranza del Re Costo quante, quante saranno le tue allegrezze se auuiene, che tu diuenti studiosa de le diuine lettere? son certo che s'entri a uedere il Senato catholico, e l'ordine prophetico, che auanzarai la preminenza che tieni nel collegio philosophico: oltra ciò il piacere che nutrica l'anima nel trascendere a la uisione del paradiso è poco differente dal diletto, che hanno le militie eterne ne lo specchiarsi in Dio. ma egli è pur grande, egli è pur degno il dono datoci da la clementia somma da, che permette che il nostro intelletto si intrinsichi ne la conuersation de i beati, per la qual cagione diuien capace de le qualita de le Ghierarchie de i superni esserciti: la mente pur gala nel feruore de la speculatione è famigliare de gli Angeli nuntij de le cose minori, ella comprende gli Arcangeli riuelatori de i secreti, scorge le uirtu promouitrici de i miracoli, uede le Potestà terrori de i Demoni, contempla i Principati custodi de le prouincie, intende i Troni assistenti ne i giuditij, si appressa a i Cherubini pienezze di scienze, e si domestica co i Seraphini fuochi di quello diuino Amore, che debbe accenderti il petto percioche sei proprio materia atta a consumarti in cosi fatto incendio, si che infiammati di Dio, ama lui, per lui arde, et in lui abbruscia, se uuoi di lui essere, et a lui ascendere. offerisci la tua pudicitia a la sua innocentia; offeriscegliene hormai e sforzati di trouarlo col mezzo de l'amore, che altra uia non ce; passa con l'occhio interno in alto e uagheggia lo amante sempiterno nel modo, che lo uagheggiarono le intellettuali luci di Mosè, e di Paolo, e con la uista con cui lo uedranno i Giusti e da, che egli incorporeo, et immenso non è penetrato da la forza de i sensi, ne dal uigore de la mente, uattene nel suo conspetto amandolo, et interceda per te la casta parola del cor tuo, et essendo la Carita ne la speranza, come ancho l'amore è ne la fede; armati de le feruentie, che la mouono però, che la mercè di cotal uirtu supplisce doue nel souuenire a gli oppressi, nel guardarsi da i falli, nel sopportar le auersitadi, e nel raffrenar le cupidita manca e la Giustitia, e la Prudentia, e la Fortezza, e la Temperanza. le compassioni de le sue pietadi trasformano l'ira in mansuetudine, la rigidezza in equitade, la crudeltà in clemenza, l'auaritia in limosina, la lussuria in continentia, la crapula in digiuno, la superbia in humiltà, e la hipocrisia in religione. oltra di questo una persona infocata da i suoi feruori uiue in Dio, et Iddio in lei; onde la sua anima se ben dimora ne la carne non la sente, e ciò approua la penitentia de i Propheti, la peregrination de gli Apostoli, il sangue de i Martiri, la solitudine de i Monaci, et il testimonio de i Dottori.

I riposi del sonno non aggraddono tanto a la stanchezza de le membra, quanto aggradorono i detti del sapiente a le uigilanze de le orecchie di Caterina; tal che lo spirito di lei ne godeua come gode una colomba bramosa de l'acque nel sentirsi tutta sparsa, et in ogni luogo spruzzata de le sue stille; onde il uecchio reuerendo uscendo alquanto del fauellar preso, lodò lo ascoltar di lei con alcune di quelle parole, che inanimano altrui ad esseguire il fine, che se gli prepone, ma ritornando al suo ordine esclamò; aih Caterina gentile, aih Donzella soprana, aih Reina gloriosa ben so io; che debbi con le chiaui de la disciplina migliore; aprir tosto gli usci grandi de i secreti diuini, ammaestrando i popoli ne l'arte de la legge di Moisè, la cui religione fu ombra di uerità, e Christo luce; peroche l'essempio de l'uno mitiga gli affetti del uitio, e la bontà de l'altro gli sueglie, quel prohibisce l'atto del male, e questo constringe la mente a l'operar del bene. ceda il rito Mosaico a lo statuto euangelico, le cui candide purità chiudono i dieci precetti uecchi ne i due nuoui; ecco il primo uole che amiamo Iddio, et il secondo, che abbracciamo il prossimo.

Essendo Caterina buona per natura, e per dottrina inuaghì la bellezza de lo ingegno di tutto il discorso fattole dal uecchio singularissimo; onde il lume d'una candela ardente, ne lo

LIBRO

accostarsi al fume, che sparge quella, che alhora alhora è spenta; non la raccende sì subito, come ella tosto, che si diede a la speculatione de gli affari sempiterni, ne dimostrò i frutti: e fattasi per mezzo suo partecipe de l'amicitia di Dio, confessaua il saper uero, esser posto nel dono datoci dal Signore; peroche egli solo sa in che modo fanno i circuiti de le terre, egli solo intende le uirtu de gli elementi, egli solo discerne la uarieta de i tempi, A lui non è occulto il consumarsi insieme del lor principio, del lor mezzo, e del lor fine. a lui è palese il corso de l'anno, a lui si manifesta la dispositìon de le stelle. la conoscenza sua comprende le fatiche del Sole, gli error de la Luna, le nature de le bestie, l'ire de gli animali, le ferocita de i uenti, i pensier de gli huomini, le differentie de gli alberi, e le qualita de l'herbe. ma per esser la sapienza uigore de la mente celeste, specchio de la Maestà sempiterna, et imagine de la bonta somma lo spirito di Caterina si adornò de la sacra, de la unita, de la dotta, de la accorta, de la secura, de la incorrotta, de la soaue, de la discreta, e de la benigna intelligentia sua, et non parendo piu cosa humana, astratta ne le profonde considerationi; non si asteneua di esclamare o sapienza anchora, che tu sia una, in te è il potere il tutto; e trasmutandoti ne le anime sante, ordini i Propheti ne la famigliarita di Dio, il qual non ama se non chi habita con teco, come uorrei che tu habitasti con meco, e forse me ne fara gratia il Signore acciò, che io intesi i misteri del suo figliuol Christo, in lui mi trasformi, per lui mi adopri, e da lui dipenda.

G ià era sparta ne lo intelletto de la giouanetta la cognitione

PRIMO

de la uerità christiana, già gli occhi de la mente di lei sof=
feriuano lo splendore de i lumi, che ne i luoghi oscuri de la
Bibia accesero le lingue, e le penne de i secretari di Dio.
Già Isaia predicente il natal di Giesu in carne, et le sue
auioni in terra; le haue mostrato come egli deueua nascere
d'una Vergine, e chiamarsi Christo; onde ella compreso
doue il Propheta afferma l'agnello immaculato deuere illu=
minare i popoli; si riuolse con il sincero di tutto il core a
pensare a la cagione che mosse il Saluator del mondo a re=
dimere le genti, e fattane capace si diruppe in un di quei pian
ti, che premeno fuor de le ciglia gli affetti de l'afflittione,
e mentre chiedea perdono de i giorni persi da lei ne le uigi=
lie de le dottrine disutili, et incerte recatasi con lo ignudo
de le ginocchia tenere, nel forbito del pauimento duro, sten=
dendo le braccia suelte, et alzando le mani uaghe compo=
sto al cielo il semplice uiso lucente, da la cui aria traheua
il sereno lo aere, in suono dolce, et in atto humile lasciò ca=
derfi da la bocca soaue

O tu che senza annouerarle conti il numero de le arene, le
gocciole de la pioggia, et i giorni del Mondo; e senza mi=
surarla sai l'altitudine del Cielo, la larghezza de la Terra,
et il profondo de l'Abisso, io non uengo a chiederti il dono
de la sapienza; i cui auuedimenti creasti prima d'ogni
altra cosa, e lo intelletto de le sue prouidentie fur dal
principio; onde lo spirito di lei è il fiato de la parola tua
Dico Signore ch'io non mouo adimandartelo con uolontà di
ornarmi de gli honori de la sua gloria; ma perche ella m'
insegni a temerti, peroche chi teme Iddio spauenta il pecca
to. ben so io, che la disciplina ch'io bramo è dilettione de

LIBRO

la Maestà superna; tal che chi la seguita oltre il fruire de la pace, e de la salute sperata, diuenta una lampa, et uno essempio de la fede, e de la mansuetudine, le uirtu de le quali amministrano i beni del Paradiso, e però la pietade tua faccene parte a me (direi serua del Signore se mi fosse lecito di cosi chiamarmi). certo il maggior piacer ch'io senta è il credere, che tu non mi manchi di cotal gratia, e se pur auuiene, ch'io la cõ segua; il cor mio trasformatosi in uno specchio ardente, potra mostrare qualchuna de le tue bellezze a questa anima: i cui diletti sono il pensare a la grandezza de le diuine compassioni. e perch'io mi sento obligata a rin gratiare la cagione di ciò, ch'io fauello la ringratio, e ringra tiandola uoglio entrare a te con amore, seguitar con lealta, continuar con seruitu, perseuerar con fermezza, e fornir con morte. e perche l'anime ueggono perfettamente il lor Creatore ne lo acecarsegli i corpi, delibero chiudere i lumi de la fronte, et aprir la uista de la mente; le ciglia de laquale per essersi hormai scontrate ne la belta sempiterna l'amano, et amandola la desiderano, e desiderandola la sperano, e sperandola ne goderanno se il mio piede sapra caminare ne le uie di quel Christo, che habita ne i cori, e ne gli animi, e non regna ne le lingue, e ne le lagrime.

Costo diletto padre di colei, che rimbellisce con la sua presen za il Cielo, e honora con la sua memoria la terra, fu tratto dal caso ad ascoltar l'oratione di Caterina, e perche la reli gione si auanza sopra ogni altra uirtu, e quegli son piu ri ueriti, che piu la riueriscano: la sublimita di lui commossa dal feruore col qual la figlia oraua, et amonita da lo essem pio, che ella daua orando; recatosi feruidamente in ginocchioni

nocchioni ringratiaua gli Iddij, che la herede de la sua co
rona legittima gli uiuesse in gratia. Mentre egli così diceua
riporgendo l'orecchia a la attentione, ecco che ode risonare
tra le labbra di Caterina il nome di Giesu crocifisso, cosa a
lui piu aspra, che il sentire il suono de l'ultima hora, tal che
fattosi del colore, che imbianca il uolto di colui, che quan
do piu spera il riso, è sopragiunto dal pianto, stette un pezzo
senza poter parlare, ne rizzarsi, peroche il core, che se gli
scoteua nel petto gli interdisse la uoce, e la lena; come la
lena e la uoce fusse stata preda di una paura subita; a la fi
ne solleuatosi in piedi con il romper de gli oimei, e con lo
strepito de i passi, riuolse a se i bellissimi occhi de la mode=
sta fanciulla, peroche la dilettion de i figliuoli appresso a i
padri, è simile a quella de gli huomini inuerso Iddio; Per
esser l'una e l'altra ricordanza di gratie ottenute, e memo
ria di benefici riceuuti.

Inchinossi Caterina al uenerabile genitor di lei; qual s'inchina
il seruo al suo Signore, et uedutolo con ansia tacere, e con
molestia andare, si conturbò nel sembiante contaminato dal
timore, come si conturba ne l'aria il sereno uiolentato dai
nuuoli, et egli gittatosi là, pareua l'ombra de l'angustia,
che gli daua angoscia, ma tosto, che potè disse, fino a qui
l'udito mi è suto caro al par del uiso, peroche il senso pre=
claro consulta de la ragion con la mente; ma buon per me
s'io ne fusse stato priuo, che essendo ciò, non hauerei in=
teso nominar Christo da le tue parole, anzi dal cor tuo, la
cui rimembranza mi fa e sbigottire et affligere, e lagrimare.
Adunque Caterina diadema de la mia anima, scettro del
mio core, seggio de i miei spiriti, manto de i miei pen=

B

fieri, maestà de la mia uita, e gloria de la mia etade, manca a la sua nobilta, a la sua religione, a la sua prestanza, a la sua scienza, al suo debito, et al suo honore? deh lascia figliuola, deh figliuola lascia una sì fatta credenza, et habbia compassione de la mia ultima uecchiezza, e de la tua prima giouentù, ecco, che Cesare dominator de l'uniuerso consente, che io conserui non pur il titol di Re, ma piacegli, ch'io signoreggi i popoli, che mi ubbidiscano, con le medesime leggi, che gli signoreggiorono gli antichi nostri, per la qual cosa de i dominij ch'io tengo, e de i thesori ch'io posseggo; da, che tu uiui con certissima speranza di hereditargli, debbi insieme con meco esserne tenuta a la bonta di sì alto Principe, la cui ira potria giustamente cader sopra di noi, ne lo intendere di te ciò, che ne ho inteso io. Ma se Costo da le cui midolle tu hai l'essere, teme ogni pelo, che si raggira intorno, e ne lo appressartisi al capo si scuote, e trema, parendogli, che sia per nocerti, che animo sarebbe il suo nel uederti lacerar da i tormenti, che prouano tutto dì i credenti in colui, che fu confitto in Croce? toglimi o Gioue ottimo massimo prima di terra co i fulmini, che costei per me si uegga battere da le uerghe, sbranar da le fere, squasciar da gli uncini, strascinar da i caualli, scorticar da i rasoi, incenerir da le fiamme, ismembrar da le tanaglie, acecar da gli stecchi, scannar da i ferri, aprir da i coltelli, consumar da le fami, profondar da le macini, e martorizzar da le spade, da le mannaie, da i capestri, da gli ogly, da i ueleni, da i piombi, da le caldaie, da i bastoni, da i pozzi, da le forche, da le seghe, e da le prigioni.

G li ultimi detti de l'huomo degno non si lasciar bene intende re, però, che le lagrime, che per gli occhi mosse dal core la cagione del duolo gli affogarono in bocca la maggior parte de le parole, ma egli vergognandosi di parer piu tosto Bambin leue, che Re graue, ne lo asciugarsi l'acque amare con la mano de la prudenza, discretamente esclamò, fussi io mancato in quel dì felice, et in quel punto beato, che mancò la moglie mia, e la madre tua, io le inuidio il fine che ella fece, come lo piansi: e rallegromene, qual me ne dolsi, lo inuidio come lo piansi, peroche s'io fusse morto seco, viuerei con lei, e rallegromene qual me ne dolsi, perche sendo pur morta, non agiugnera a la sua morte il mio morire, e il tuo, ma chi se potria tenere di non attribuirti il nome di crudele da, che nascendo ponesti ne la sepoltura, chi ti porse nel mondo, et viuendo abatti colui, che ti riserba il Regno?

Ne lo ascoltare Caterina ciò, che seppe dirle il suo genitore serenissimo, fece di quei mouimenti, che si ueggono in colui che rompe la durezza del sonno; con un sospiro piu cordial, che lungo, e taciutosi alquanto cominciò; la uolontà superna, o mio Padre e Signore, e non il caso, ui ha spinto ne le orecchie il nome di Christo uscitomi da la bocca, acciò, che il buon Costo adorno di uita mansueta, e di costumi facili, ottenga da la pieta di lui il grado, che tengon coloro, che per gratia diuina, e per bontade humana pongono il piè del uiuere in sù la strada de la uerita. io non solo ispero, ma lo tengo per fermo, che'l medesimo zelo, che uoi mostrate in persuadermi a rifiutare il dono de la nuoua credenza, mostrarete ancho in essortarmi a perseuerarci con perpetua constantia. Non è perfidia, non è inganno, e non è malitia nel sangue de la nostra sublime stirpe, e la ignoranza ci occupa

B ii

lo intelletto, apunto quel tanto, che altri indugia a moſtrarci quella eccellente degnita di ragione; per la quale ci auanziamo ſopra le beſtie; ben ui ſara noto come io ſeguendo Chriſto oſſerui il decoro de lo honore, del debito, de la ſcienza, de la preſtanza, de la religione, e de la nobilta, che dite: e ſon certa che la tema de la diſgratia Ceſarea, e de la perdita de la monarchia ui ſi ridurra in ſicurezza, peroche Chriſto Dio de gli Dei non pure è Imperador de gli Imperadori, ma datore d'altri beni che i terreſti: che coſa ſon theſori, e che coſa ſtati? Veramente quegli ſi poſſon chiamare hami del Demonio, e queſti toſchi de la uita, oltra di ciò non puo dirſi, che ſian noſtri, ne ueri, e ſe a daltri pare altrimenti portiſigli con ſeco a gli inferi. ſapete uoi padre ottimo cioche ſono i ueri dominij di noi, e le proprie noſtre ricchezze? le uirtu ſante, e le attioni ſacre, e beati coloro che hanno la fede ne la mente, l'oration ne la lingua, e la limoſina ne la mano. Hor per riſpondere a le parole, che mi contono le paure, che ui ingombrano nel penſare a i martiri in cui ſi eſſercitano i ſeguaci de i precetti di Chriſto dico, che uoleſſelo Iddio ch'io fuſſe eletta tra quegli, e quaſi hoſtia offertagli da i tormenti. Se in me fuſſe merito da potere ſperarlo, apprezzerei la palma, e la corona di cotale ſperanza, come diſprezzo la ghirlanda, e lo ſcettro de la heredita, che mi ſerbate, peroche chi ſia forte nel martirio, che ſi pate per Chriſto triompha tra gli Angeli, e tra gli Arcangeli, e chi ſe ne contenta non ſente paſſione. ma che diro io del uoſtro chiamarmi empia, e morte de i genitori miei? non ne uoglio dir nulla, peroche la colpa, che per colpa de la doglia incolpa l'altrui innocenza; è impeto appaſſionato, e non difetto di ani

mo, testimonio Giobbe Idumeo, la cui patientia prouocata
da simil furore maladisse l'hora ch'ei nacque, ma tornan=
do a la mia madre estinta; dico che la letitia, ch'io prouo
mercè de la fidanza, che tengo nel Saluator de le genti;
uien meno ne la sua perfettione da, che non posso predicar=
le cioche io predico, e predicarò a uoi, e mi contristarei del
suo esser morta senza il conoscimento di Giesu, piu che non
me ne contristo, s'io non credessi che lo incomprensibile de
la misericordia di lui, risguardasse nel tremendo punto del
dì nouissimo; la sua carita, e la sua bontade.

Mentre, che il feruore del dire spargeua da la eloquenza di Ca
terina, anzi da la ispiration di Christo, i fiori, et i frutti
de le parole; uscì dal cor del suo genitor pietoso; se tu fi=
glia sapesse emendarti, come sai difenderti, i fini che ti so
prastanno, non mi spauentarebbono. et ella a lui, adunque
le uiolenze de i mali debbono hauere piu giuriditione in noi,
che gli accidenti de i martirij? Noi, noi deuiamo sofferire
con maggior constantia le febri, che ci disperano, che le ruo
te, che ci saluano? come è possibile che la sensualitade huma
na sopporti in pacientia una lunga infermita in seruigio del
corpo, che pur si more, e non si arischi di patire un breue
dolore in beneficio de l'anima, che sempre uiue? se uoi sa
peste padre di, che grandezza è la letitia, che sentano gli
Angeli mentre i fedeli son martorizati per Christo, per
compiacere a la gioia loro desiderareste di me cio, che uoi ne
temete. o padre ecco, che uoi dite che i fini, i quali mi so=
prastanno ui spauentano, ma deuerebbono rasicurarui da
che tutti i fini son posti ne le mani di Dio, onde è necessa=
rio, che ci sia ancho il mio, et essendoci; deuesi dubitar

ch'io pericoli? non desperi de la misericordia di Dio chi
non uol prouocar la sua giustitia; peroche chi la prouoca si
tira adosso il peccato, morbo de lo spirito, e corruttion de la
mente. da che noi padre non potiamo star senza amare, e
senza temer qualche cosa, temiamo, et amiamo Christo,
amiamolo, e temiamolo, non uo dirui piu padre, perche s'io
fusse pelle de la uostra pelle, neruo del uostro neruo, e pol
pa de la uostra polpa, le tenerezze del sangue istesso, e la
conuenienza de gli spiriti comuni, ui tirariano con le lor dol-
citudini a temerlo et ad amarlo, ne la maniera che l'amano, e temano i buoni et i giusti. e siate certo che l'anime,
che ardano col fuoco del lor zelo la magion di Dio, son di
Dio, la clementia de le cui pietadi cede a la uolonta di
quegli, che l'osseruano.

Il placido de la sembianza del Re Costo mostraua di, che sem
plice compositione fusse lo intrinsico de l'animo di lui, e
però la diuina gratia mescolatasi co i detti di Caterina; gli
passò per le orecchie con si cocente affetto, che la sua pelle,
i suoi nerui, e le sue polpe sentir compungersi da lo ardore
di quel zelo, col quale la integrita di cotanto huomo la gene
rò. e riempiendone in un tratto il core, e le uiscere gridò
figliuola, le fiamme del tuo fuoco cominciano adaccender-
mi tutto: già la mia anima ammonita da i ricordi, che in
seruigio di lei ti pone in bocca Iddio crede, e credendo si
accosta a la fede de la tua. si che non preceder piu oltre col
dire, perch'io non potrei soffrire le dolcezze di si fatto incen
dio, egli mi rapisce gli spiriti, e leuasi in alto forse per por
targli al Cielo, onde io per dar premio conueniente a la ca
gion di ciò, confesso Christo.

PRIMO

L'allegrezza de la nuoua conuersione, il piacere del non isperato conforto, e lo stupore del gran miracolo tolsero Caterina da i sensi, e le sue membra alterate da la passion de la letitia, pareuano frondi di gigli languidi per l'arsion del Sole; ma tosto, che riuenne nel suo essere disse hora si, ch'io mi tengo osso de le ossa uostre, e cosi dicendo gli cinse il collo nobile, con le braccia gentili basciandogli lo spatio de la fronte con modestà angelica, e poi che hebbe a lui, et a se asciugate le legrime, entrò ne le sacrosante attioni di Christo, e per fornire d'infiammarlo del Saluatore in tutto e per tutto, gli fece noto i tre auenimenti di Giesu, gli narrò come uenne in carne, et in humiltade, come uiene in essere et in ispirito, e come uerrà in maestà, et in gloria, chiarendolo in che modo la misericordia de la sua bontade immensa, ci si mostrò in redentione, in che maniera ci si mostra in uita, et in che guisa ci si mostrara in beatitudine; soggiognendo io ui esplicarei con qual marauiglia egli entrò, et uscì nel uentre, e de l'aluo uirginale; se non fosse piu merito nel crederlo, che nel certificarsene, bastaui di sapere, che hauendo il Signor fatto l'huomo a la imagine di lui acciò, che la specie nostra potesse conoscerlo fuor de la sua essenza, uolse trasferirsi a gli huomini, et uenire per gli huomini in huomo.

Tosto, che il Re Costo conobbe colui, che per la comune salute si coprì col nuuolo de la carne, conobbe anchor se stesso, e conoscendosi parea un de gli eletti nel consortio de i cittadini superni, e risplendendo ne la elegantia sacra de i costumi; cominciò a mostrarsi colmo d'una stupenda grandezza di santitade, et auedutosi, che lo amore, e la dilettione sono guide de la vita, e la fede, e la carita scorte de l'anima, si commise ne l'honestà di cotali virtudi cotanto isuisceratamente, che Iddio, e gli huomini riguardauano l'eccellentia del suo vivere singulare, et egli rifiutato il titolo di Re, et il cognome di nobile. humiliata in Christo la superbia de la Monarchia, ardeua ne la contemplation diuina con sì smisurato affetto, che piu uolte esclamò: o Christo scemami lo amor ch'io ti porto, o tu mi cresci l'esser da te amato. e per che è meglio sperare la mercè del Cielo, che ottener quella del mondo; parea godersi nel desiderio di seruire a quel Signore, che nel principio fondò con la sapientia la terra, e con la prudenza stabilì i Cieli ; e fattosi tutto candido ne la purità de la mente, tutto feruido ne la sincerità del core, e tutto splendido ne lo essempio del benfare, ad altro non attendeua, che a distribuire le sustantie reali ne i disagi del prossimo, tal che la sua magione era piu simile al tempio de la pietade, che al palazzo d'un Principe: e mentre si riscaldaua ne lo essercitio de l'opre misericordiose, il uolto di lui si confaceua piu al sembiante di Moisè, e di Dauid, da che l'uno hebbe i precetti da Dio, e l'altro la remission del fallo, che al suo medesimo.

S e l'animo nostro potesse odiare le delitie del mondo, come l'odiò Costo in quel subito che s'innamorò di Christo, tutte le case che ci albergano diuenteriano in lor grado conuenti sacri, e monasteri santi, come già si poteuono chiamare le stanze de la sua Regia Maestade. L'ancille, et i serui, de i cui seruigi era fornita la corte di sì chiaro Principe, conuertiti da l'essortationi, e da gli essempi di Caterina, attendeuano a una vita sì casta, e sì continente, che quel

PRIMO

tanto di pace e di salute, che per i giusti si desidera, era conuersa in loro tal, che la eletta sposa di Giesu, nel pensare a la gratia, che in far ciò le haueua data l'autor del mondo, gliene riferiua gratie, e parendole con l'opera fatta nel suo genitore, hauer pagato il debito che hanno i figliuoli co i padri, se ne acquetaua quasi anima riceuente il premio del far bene: rallegrandosi nel uedersi scemare le ricchezze da le limosine, come si rallegra l'auaro nel uedersele crescere da le usure. ma perche ne la cura che ha Iddio de gli huomini a quegli piu riguarda, che piu si sforzano di simigliarlo, dilettandosi solamente in coloro che l'obediscano; ella che si studiaua d'imitarlo con gli effetti, e de seruirlo con l'opere, era sempre guardata, e sempre compresa da la clemenza del Signore. ma standosi godendo ne la humilta di si honesto stato, ecco a le sue orecchie placide la dolcezza del suono, la soauità del fiato, e la melodia del canto, ella ode l'harmonia de le cetere, il romore de i timpani, et il concento de le uoci, cose introdotte ne le religioni non senza misterio, peroche il toccar di quello dimostra la operatione de le mani, il respirar di questi l'orationi de la mente, et il goleggiar di queste lo essordio de le parole: e perche la musica consacrata a le cerimonie sacerdotali, e ne i tempij, dinota la concordia de i costumi per lo essempio l'huomo dee unirsi con l'animo al prossimo, con la uolontade a Dio, e con la ubbidienza al maestro.

Vdendo Caterina oltre il mormorio de gli instrumenti, e de le lingue: lo applauso de le genti, et i beli de gli animali, pregò humilmente uno di quei serui a lei fratelli in Christo che spiasse in un tratto chi erano cotali brigate, doue andaua=

no, et a che fare, andò il messo ad intendere cioche gli imposero gli humili preghi de la Reina sua: e giunto in piazza la uidde ripiena di uittime sacre, di moltitudine religiosa, di gente laica, di generation patritia, e di turbe plebeie, onde postosi a contemplare i popoli, che aspettauano l'altezza Cesarea, la quale uoleua andando al Tempio di Minerua, che fino a i sacerdoti la accompagnassero: peroche le pareua essere unica reliquia de lo Imperio, et uero sostegno de la religion di quello: se ne stupiua. ma per nutrirsi lo Imperadore del fume de l'ambitione, indugiando faceua desiderare il comparire in publico de la sua altera Maestade, intanto il messo di Caterina mira le caterue con cui Massentio uoleua andare a riuerir gli Iddij: e rimirandole, scorge i ministri di Pallade uestiti di color ferrigno, in habito succinto, con la celata in testa; con lo scudo nel braccio sinistro pendente da una fascia, che gli attrauersaua il collo, e con l'hasta ne la man destra. uede ancho i Thori eletti al sacrificio di cotal Dea, essi per la rilucente bianchezza, e per le corna indorate, e per le ghirlande, che gli coronauano; aggiugneuano al toruo de le fronti loro una superbia mirabile. tolto da si fatto spettacolo, ecco rappresentarsigli a gli occhi uarij ordini di huomini sacrati; stauansi quegli, che seruiuano a Marte ristretti in alcuni camisci, di color di sangue, il corto de i quali gli mostraua le gambe ignude piu giuso, che le ginocchia, e le braccia piu suso, che il gombito. i lor petti erano coperti d'una piastra di bronzo; le lor destre armate, d'una spada, i lor menti cinti di barbe lunghe, i lor capi di capegli scorciati, i loro aspetti horridi, e le lor uiste terribili. apun

to il diligente mandato, poneua il guardo a le genti di Venere, et ui haurebbe compreso il tutto, se il romor de i chri
stiani, che presi, e legati si menauano a l'adoration de gli
Idoli, non l'hauesse impedito. i miseri condotti tra gli
stuoli, che attendeuano Cesare, non altrimenti si scherniuano, che se fossero stati la feccia de la generatione humana;
tal che il messo ch'io dico tutto commosso da la compassione
ritornossi a colei, che la aspettaua dicendole

O a me Reina per fortuna, e sorella per Dio, la tardita del
mio indugio è causata da la grandezza de le cose, che io ha
ueua cominciato a uedere per rediruelo; pur io ui auuiso, che
le nationi rimescolate insieme, lequali sonando e cantando
fanno lo strepito, che uoi udite, si sono ragunate nel foro, per
che lo Imperador con solenne pompa uole andare al tempio,
e per piu scorno di Christo, e per maggior gloria de gli Ido
li, ha fatto prendere una grossa schiera de i credenti in lui,
per menargli a sacrificare a la diabolica deita loro, ne mai
uedeste gregge si confuso da lo spauento de i lupi; ne si sbi
gottito da la tempesta, come sono i meschini. haueua detto egli, quando Caterina tocca da la ispiratione de la gratia diuina, risueglio lo spirto maggiore, il quale ci è concesso dal Signore per uso, per aiuto, per miracolo, per salute
per consolatione, e per feruore, concedecisi ad uso di uita
per i beni comuni, ad aiuto, perche ci libera de le infermitadi, a miracolo per le marauiglie, che adopera, a salute,
perche è atto a farci portar Christo in tutto il core, a consolatione per far fede, che siamo figliuoli di Dio, et a feruore per potere arderci il petto col fuoco de la carita.
risuegliato la pietosa giouane lo spirito sopradetto; riuolse il

LIBRO

uiſo al Cielo, con dire o Signore, io non ti chieggio in gratia il fermare il carro del Sole, ne lo affigere il corſo de la Luna, peroche ſi alto dono ſi conuenne ſolo a colui, che militò ne i tuoi ſeruigi maggiori, ma ben ti prego, che mi preſti tanto di ſpatio, ch'io poſſa tentar di rimouere la timidita di coloro, che anchora che ſiano de l'ordine Chriſtiano, uoglion piu toſto uiuere al mondo una hora, che in Paradiſo ſempre.

Subito, che ella hebbe fauellato in cotal ſenſo a Dio, per non perdere ſi magna occaſione, coſi come ſi trouaua ſe ne uſcì di fuore, e ſeguendola buona parte de la real famiglia corſe in piazza, ne la quale apparendo, riuolſe a ſe gli occhi d'ogniuno. egli è riſoluto, che dapoi che furono i corpi e gli animi, niuno animo, e niun corpo non pareggiò mai le bellezze, e le uirtu ſparte da Dio, e da la Natura nel corpo, e ne l'animo de la madre di Chriſto, ma ſe alcuna di quelle Vergini, che uanta il mondo, e che honora il Cielo ſi appreſſò punto a lei Caterina è deſſa. era la ſublime fanciulla d'indole generoſa, e di gratia elegante, riſplendeuale ne l'aria del ſembiante una certa diuinita, che ſi può imaginare, e non iſprimere. Gli occhi i quali le balenauano ſotto le ciglia dotate di autorita uenerabile, erano pieni di letitia ſemplice, e di dolcezza graue, tal che chi la miraua non potea penſar male. ardeua nel ſuo terſo uolto il fuoco de la età di forſe quindici anni, onde le fiammeggiauano ne le gote candide, due roſe uermiglie ſi uiue, e ſi lucenti, che l'aurora da che ella, e le roſe furno non aperſe mai tali, ardir uirile, e modeſtia feminea le giraua, e mouea le luci, e i geſti. e la diſpoſitione de la ſuelta attitudine non solo si mostraua altera ne la illustre persona di lei, ma pareua, che da lei imparasse a sostenersi in su la destrezza leggiadra de le istesse membra. l'habito, che la cinse con le fogge de l'honestade angelica; scopriua sì poco de i piedi suoi, che lo sguardo altrui inuolaua quel attimo, che le spingeua oltre il passo: per la qual cosa si potea piu tosto comprendere, che il lor delicato le aguagliassono la delicatezza de le mani, che affermarlo per uista. Il uelo similmente haueua tanta gelosia de i capegli guardati da lui, che il Sole, non che altri, non potea uedergli raccolti, ne sparti. dilettauano e giouauano le parole, che in uoce grata e chiara sonando, et a tempo usciuano da le sue labbra terse. ma cedino le belta che si ueggano, a le uirtu che non appaiono: mente stabile, e giuditio intero le reggeuano il consiglio de l'heroico senno, da la fermezza de la fede, e da la feruenza de la carita, eranle amministrato il consenso del core, l'una le mostraua il premio, che si ritrahe da la seuerita di quella, e l'altra il grado che si ottiene da la sincerita di questa. la pacienza braccio de la fortezza, la prudentia lampa de le tenebre de la uita, la concordia letto de i pacifici, la perseueranza lode de i principÿ, e de i mezzi custodiuano lei in ogni sua opera: onde si potea dire che ella fosse formata da la natura, e dotata da le stelle per ammiratione del Cielo e per stupor del Mondo.

La Luna ripiena di tutto il miglior lume suo non reca tanto piacere a lo errore di coloro, che lo desiderano, quanto porse istupore a le turbe la uenuta di Caterina, ella le spauentò in modo col marauiglioso splendore de la sua immortal presentia, che i Sacerdoti di Venere, e di Minerua si mossero con l'hostie, e con gli incensi in uolonta di adorarla, ma quelli e questi rimasero di porgerle i sacrifici: peroche questi si credettero, che ella fusse Diana, e quelli per non uederla rifulgere ne l'armi, et ella che non curaua se non la salute di coloro, che con opprobriosa uillania deueuano chinare et inclinare le ginocchia, e la testa a le figure idolatrie: fittogli il guardo ne i uisi disse con terribile suon di uoce

S'io credessi che uoi foste indurati nel fallo de la malitia, come io so che sete perduti ne la temenza de la uiltade; non cercarei di parlarui; peroche l'essortationi de i miei detti, non sarebbero sufficienti in dimostrarui quanto è meglio il patir per Christo, che il non patir per gli Idoli: ma sapendo io, che per opra de le mie parole la timiditade ui si conuertira in ardire, e la tepidezza in fiamma, non posso tenermi di non riprenderui del torto, che fatte al fattore, che ui ha fatti. Adunque uoi spauentate piu de le minaccie del tormento, che de lo Inferno? Voi temete Cesare, e non Iddio? Voi apprezzate il corpo, e dispregiate l'anima? Voi uoi isuergognate la religion uostra, et honorate l'altrui? Deh fratelli pigliate sicurta de la misericordia di colui, che ascese in Paradiso con la uirtu, che egli ne scese da, che le sue compassioni ui si proferiscono, et istimando piu la conuersatione de i beati, che de i dannati, morite per uiuere, e non uiuete per morire. è indegna cosa il uilupe rare il titolo, che di christiano pur ui diedero i uostri padri, le uostri madri, e la uostra legge. ecco le uirtu de lo spirito fioriscano ne lo sfiorire de i uitij del corpo; onde è necessario a chi ama l'anima disprezzar la carne: bisogna soppor tare uniche pene per il solo Iddio. e però congiugneteui insieme con parentado spirituale, e rinfrancando l'animo smarrito nel minacciar di Cesare; disponetiui a la battaglia con la mente intrepida, come Caualieri di Giesu; rendendoui certi che chi combatte uince, e chi uince triompha, e chi triompha, oltra lo adornarsi di corone e di palme; si intrinsica con Christo: per la qual cosa diuiene sapiente, giusto, uerace, forte, e santo. Hor apparecchiateui a la pugna et armati del segno de la croce, e ricoperti sotto il nome del Saluatore, non fuggite il supplitio: peroche il martirio de le membra uince la fede de la mente, la limosina de la mano, e l'oratione de la bocca; e piu uale un sospiro de i suoi ramarichi, che tutte le delitie, e tutte le sapienze terrene; si che disponeteui a militar per colui, che per amor di uoi soggiogò gli abissi. suso anime elette, suso spiriti benedetti, trahete fuora il coltello de la lealtà. e guerieggiate fedelmentee, che la uittoria è de i forti, e la ghirlanda che si acquista nel combatter per Christo; si auanza sopra ogni honore, e la sua lode non cape nel segreto de la consideratione, non che ne la uoce de le lingue. adunque mostratiui constanti in ogni caso, che risulti in gloria di colui, che portò l'humanitade sopra le stelle poscia, che il contentarsi de gli stratij, iquali si sofferiscano bontà sua, fa dolce l'amaritudine di qualunque tormento si sia; risoluendoui, che la passion del martirio è fine de i diletti, termine de i miracoli, guida de la salute, maestra de la pacienza, et albergo de la uita.

I l uigore che rauiua il giorno doppo il morir de l'alba, et inanzi al nascer del Sole, non rileua le uiole chinate dal gelo de la notte sopra i gambi loro; nel modo, che la giouane Reina rileuò i caduti animi di coloro, a cui ella hauea parlato, i dolorosi ispirati da la gratia di Dio, et essortati dal sermone di Caterina poi, che hebbero esclamato Signore habbici misericordia, e perdonaci, dissero piangendo, le neui et i ghiacci sosterran prima le forze del fuoco, et i uapori de le fiamme, che per noi sia se non colui, che spatia sopra le penne de i uenti, e suso i fumi de i nuuoli, cosi dissero eglino, e mentre ringratiauano la benigna utilita, e l'utile benignita de la Vergine; ecco la fama, che riporta a lo Imperadore la figliuola di Costo non pur esser Christiana, ma tromba de la fede di Christo. odendo ciò la soprana maestà di lui, turbossi come si turba la calma del mare nel fiatare, e nel soffiare di Euro, e di Notho, e stato alquanto sopra di se gridò, egli è pur uero cioche di cotal fatto ci è suto bisbigliato ne le orecchie, e ci haueremmo auuertito, e datoci credenza se la uirtu, se la modestia, e se la religione dimostrataci fino a qui dal padre di lei, non ci si fosse interposta, hor uadasi doue ella è, ne s'indugi il condurla al conspetto di noi a ciò, che in lei sia il gastigo secondo il merito.

Lo esseguire de la imperial commissione fu quasi presta, come il comandare, che ella si esseguisse: onde Caterina impedita da la subita uehementia di coloro, che la presono, riuolta a quegli, che obliata la paura de i tormenti si eran pentiti per uolontade, e non per necessita, potè solamente dirgli: o fedeli, da che l'amor de la gloria, ui ha tolto dal petto il timor de la pena, ogni fele mi sara dolce, mentre ella disse ciò, lo stuolo, che la rapì ne la gran piazza tra molto strepito to strepito d'armi, la menò dinanzi al Dominatore de la maggior parte de lo Vniuerso; la inuitta serenita del quale nel uedere lo sforzo de la Natura sentì spegnersi poco meno, che tutto il fuoco de l'ira; peroche la presentia de la suprema Vergine hauria potuto raffrenare le tempeste de l'Oceano, non che le furie d'uno animo; tal che egli rasserenando tuttauia la fronte, e le ciglia, disse in uoce piana, e moderata: che cose odiamo noi di te donzella, ti pare egli che si conuenga a chi nasce di Re, et a una eletta in Reina, il rifiutare la religione sotto le cui leggi si nasce? dimmi se ti par lecito, che tu fanciulla con ingiuria del mondo, che ci tributa, in dispregio de lo Impero, che ci magnifica, a onta de gli Iddij, che ci fauoriscono, et con dishonore de i popoli credenti in loro adori Christo? uieni a la clementia nostra figliuola, porgi i uoti, accende i lumi, ardi gli incensi, e moue i preghi a gli Idoli, altrimenti la maladittion tua non potrebbe fuggire la disgratia nostra.

Taceuasi Cesare, quando Caterina con faccia lieta, e con prontezza uirile affigendogli il guardo humile nel uolto altero gli rispose a me, che son nata di Re, et eletta in Reina come dite; è lecito di riconoscere Iddio, in Dio uiuere, et a Dio seruire, come ancho dee fare ogni minima ancilla. Certo i Re et gli Imperadori amalano, et inuecchiano con gli istessi accidenti, e con lo istesso tempo, con cui inuecchiano, et amalano i poueri, et i serui peroche; tutti a un modo siam formati di carne fragile nel uentre materno; ne le tenebre del quale rappreso nel sangue de l'humano seme, ciascuno habita i mesi deputatigli da la natura. et uoi nascendo toglieste il comune aere, e piangendo parlaste la prima uoce, ne

C

piu ne meno, che si habbin fatto costoro, che ui dimorano intorno. Voi foste inuolto ne i panni, come furono eglino, et il latte de le poppe ui alimentò ne la maniera uniuersale. Voi calcaste la terra ne la guisa, che la calpesta ogniuno, ne per esser Cesare uariaste ne la natiuitade dal natale di quegli, ne di questi. tutti entriamo ne la uita con un medesimo andare, e tutti passiamo a la morte con uno istesso piede, la sepoltura tanto ricoura l'ossa Regie, quanto i cadaueri plebei. la terra che ci ricopre non distingue le degnità de le polueri, ne la conditioni de le ceneri. l'urne son tutte oscure: onde non discernano le reliquie felici, da le misere, et i uermini procreati nel fetore de le membra corrotte, ci diuorano tutti con pari morsi, e sol colui puo chiamarsi beato, che pugnando col senso supera i desiderij de la carne, et uince le uanità del mondo; e beatissimo quello, che ha per duce la sapienza, che altro è che sanità, e bellezza. il suo lume è luce perpetua, e scorge altrui a la eternità de la gloria. il pregio del suo thesoro auilisce il ualor de le perle, i suoi spiriti danno a l'huomo la conoscenza di se stesso, e perche chi conosce se medesimo sa, che cosa è anima; essa sapientia mostra a gli intelletti, ne i quali la infondano i cieli la uera imagine di Dio. et è chiaro, che se uoi Massentio participaste de i suoi accorgimenti; disprigiareste le statue adorate da la uostra idolatria, come bramo di abbatterle io. Ma è possibile, che uno egregio Imperadore, non uò dire una abietta persona; non inchini piu tosto con ogni sorte di riuerenza, e con ogni maniera di somessione, a gli artefici de gli Idoli, che a essi Idoli? perche i maestri, che in uirtu del proprio ingegno figurorno Mercurio, e Gioue

ne i metalli, e ne i marmi consacrati su gli altari de i uostri tempij; son piu atti a sodisfar a le rechieste di uoi, per
essere huomini, che esst che son pietre. Non si uergognano le
genti, che godono per beneficio di Dio de lo spirito de la ragione; di adimandare la salute a gli infermi, e la uita a i mor
ti? hauendo ciò detto Caterina, soggiunse io o Cesare parlo con la lingua libera, e con l'animo sicuro per temere la
disgratia di Christo, e non la uostra.

Per risplender Caterina ne la gratia de la beltà, ne il fior de
la etade, ne la dolcezza del parlare, ne la sapientia de la
mente, e ne l'opera de la diuinitade; Massentio la guardaua, e guardandola l'ascoltaua, et ascoltandola stupiua, e
stupendo pareua senza dirle altro, che le dicesse fauella. ma
per non esser interroto comandò, che senza lui si andasse
a rendere i debiti sacrifici a gli Dei comuni; e dipoi riuolto a la Vergine: disse tutto quel di mercede, che ci toglie
il non poter noi bontade tua; trasferirci al tempio, caschi sul
capo a te, e a te nuoca, et elia a lui se il peso immobile
de i uostri idoli mi rouinasse sopra mi nocerebbe, ma standosi là onde gli ha dedicati la simulatione di chi gli adora, e
la ignorantia di chi gli crede, che posson farmi? Duolmi o
Imperadore, che la sapientia su detta, non sia infusa ne lo
intelletto uostro, peroche uoi Principe magno per esser priuo de i beni di lei, parendo il tutto, sete nulla; e solo ui riem
piete di fausto ne la pompa de le porpore, e de gli ori, che
ui fregiono le mura, e sedendo nel trono aureo ui dimo-
strate a le turbe qual pensate, che a uoi si dimostri Apollo,
e Marte. certo lo apparato de le uostre generose magnificen
tie è superbo, ma non marauiglioso, peroche la uera mara-

C ii

uigilia è quella, che esce de gli ornamenti, che si ueggono
intorno a i miracoli di Dio: sì che marauigliateui del moto del Cielo, de la fermezza de la terra, e de la stabilità
de i monti. marauigliateui grandemente de i seni, de i mari, de i letti de i fiumi, e de i fiati de i uenti. marauigliateui del caminar de le stelle, de lo andar de la Luna, e del
peregrinar del Sole. marauigliateuene dico da, che la frequentia loro dal principio del mondo fino alhora presente
per le notti, e per i giorni sempre andarono; e sempre tor-
narono al lor orto, et al loro occaso, seguitando il uiaggio
impostogli da la natura con licentia de la uolontà di Dio,
ma come uoi ui sarete marauigliato ne la grandezza de le
cose che uedete, e ch'io ui conto, recateui in sul consiglio del
senno, considerando la potentia di colui, che ci ha dato le
stagioni, gli arbori, gli animali, il fuoco, e l'aria. risol
uendo tra uoi medesimo s'egli puo essere, che i pianeti (a cui
porgete preghi et hostie) siano i fautori di sì alti magisteri.
ascendete col pensiero a la contemplatione di chi puote hauer produtte opere sì degne; e tosto, che ci sarete asceso po-
nete mente a la causa d'ogni cagione, che ciò facendo cono-
scerete il Creator del tutto, e nel conoscerlo g'orificaretelo:
peroche egli solo è Signor de i Signori: egli solo è Re de
i Re: egli solo è Santo de i Santi: egli solo è Iddio
de i Dei.

E gli è certo, che il uoler diuino poneua ne la lingua di Caterina la lunghezza de le parole, e ne le orecchie di Cesare
la pacientia de lo ascoltarle, accioche gli effetti buoni, che
deueuano nascere de lo interuallo, che entraua tra i detti
de l'una, e l'udirgli de l'altro non fussero impediti da le

breuità del tempo. Massentio non intendendo quello, che egli ascoltaua, e non ascoltando quel, che intendeua, non era differente da una persona, che fauellando sogna, e segnando fauella. intanto la santissima Giouane si sforzaua di mostrargli l'obligo, che habiamo a la bontà di Dio; le clementie de la quale (diceuagli ella) per fare in noi cose mirabili, e grandi ci hanno dato la gratia de la figura, la massa del corpo, l'adito de gli alimenti, la commodità de le membra, la luce del sentimento, l'attioni de la mente, e locando l'atto del pensiero nel suo moto inuisibile, ci ornarono de lo ingegno; simulacro de l'arti trouate da le sue industrie per uso de l'utile comune: e perche noi potessimo ricordarci de i benefici concessici dal Signore; ci dotàr de la memoria, e per colmarci in tutto de l'eterna cortesia; ci infuser l'anima; nobilitandola con la immortalità diuina, onde mercè di lei i nostri occhi ueggono, le nostre orecchie odano, il nostro palato gusta, il nostro naso odora, la nostra uoce suona, le nostre mani toccano, i nostri piedi uanno, e le nostre braccia mouansi: e cioche habiamo di uiuo, di sano, di bello, di buono, di nobile, di saggio, di uertuoso, di grato, e di forte tutto è dono di lei sì, che operiamo in modo che quando fornita la sua peregrinatione ci lascia il ueder cieco, l'udir sordo, il gustar infermo, l'odorar uano, il parlar muto, il toccar morto, l'andare estinto, e lo abbracciar languido, ella possa andarsene al suo fattore. Mentre Caterina ragionaua le sopradette cose a la presenza Cesarea, il Re Costo, che fino alhora era stato in oratione intese la cagione, che haueua spinta la figliuola sua fuora del paterno albergo; onde leuati in alto gliocchi, e le braccia ria, disse da, che Signore, il germine del mio seme ha cominciato la battaglia, che a me si apparteneua di cominciare me ne dole, come tu uedi: peroche le innumerabili uolte, ch'io ho combattuto per la lode, e per l'honor del mondo sempre presi l'armi, e sempre assaltai il nimico prima d'ogni altro Duce; e hora che debbo pugnar in seruigio di te, che mi hai creato, e saluato entro in campo doppo una inesperta fanciulla; ma perdonamelo Christo. così parlò il buon uecchio, e sentendosi tirare il core, e l'anima da le catene, che lo amor di Dio, e de la figlia gli teneuano auuinte a l'anima, et al core con molti de i suoi familiari se ne andò al Tempio, redendosi, che la egregia Caterina militasse iui per Giesu, e trasferendosi oltre; le genti gli dieron la uia, pensando che douesse adagiarsi nel seggio de lo Imperadore: et egli fissi gli occhi ne lo stuolo de i Christiani, i quali instrutti da la figliuola di lui non uoleuano inginochiarsi a gli Idoli, gli comparse inanzi, et uedendo come la paura se gli era conuertita in pertinacia; disse beati uoi, che se te risoluti di lasciare gli amati pesi del corpo per Giesu. sogiugnendo figliuoli chi more per la uerita Christiana, uiue ne la eternita di Christo. ma che altro è il mondo, che uanitade, uolupta, menzogna, fraude, discordia, cupidita, e nequitia. uoltiamoci a la uita, a la pace, a la dolcezza, a la letitia, a la gratia, a la gloria, et a la beatitudine del Paradiso; consumandoci nel fuoco de le sue dilettioni, pero che i corpi, che ardono per illecita uolontade son causa, che le loro anime abbruscino con debita pena.

Hauria seguito piu oltre il dire del giustissimo Re Costo, se il romore de le turbe commosse da la nouita del caso non

l'hauesse interroto. egli non apparue miracolo mai, che re
casse gli animi altrui ne lo stupore, nel quale recarono que
gli de i circonstanti: le parole uscite dal libero de la lingua,
e dal sincero del core di cotanto huomo, tal che i Sacerdo
ti, che amministrauano i sacrifici soliti, fattisi inanzi furo
no in modo conuinti da le ragioni, et in maniera ripresi da
le ammonitioni del Re pietoso, che gittati uia i uasi d'ar
gento, e le coppe d'oro; e spargendo per terra i sali, e gli
incensi, calpestando le bende, e le mitere, confessorono il cro
cifisso: e con ardente aboondantia di lagrime porgeuano i col
telli con le cui punte haueuano uccisi gli animali, a colui, et
a costui bramosi, che fussero essercitati su le lor uite in serui
gio di quel Signore, che calca col piede eterno le stelle erran
ti, e le fisse. intanto uiene annuntiato a la maestà di Cesare
cio che era successo nel tempio per opra del padre di colei,
con la quale egli ragionaua senza niuna uiolenza. le cali
gini de le nubi non fanno così buio intorno al uolto del So
le; come le nebbie de l'ira oscurano il sembiante di Mas
sentio, onde tutto ardente ne lo impeto del furore gridò,
uadino mille de i nostri caualieri, et in mezo a i seguaci di
lui, menino Costo nel conspetto di noi; e se ben è Re le
ghisi come seruo. poi uoltatosi con fiero uiso a la guardia,
che lo circondaua comandò, che la figliuola fusse ristretta in
luogo tenebroso: ma udendo ciò Caterina si rallegrò ne lo
spirito, con dire, è ben dritto, che chi me generò sia legato
nel mondo, per amor di colui, che lo sciolse da gli abissi,
ed entrando doue altri la rinchiuse, disse, questa prigione
è libertà de la mia anima.

Nel sopragiugnere i caualieri intorno al Re Costo scoperfono ne l'aria de gli istessi uolti, il grande isdegno del loro Imperadore; e mentre si auentarono a le sue mani, et a le sue braccia per istringerle con la fortezza de i nodi, il religioso Principe non turbò punto il sereno de le ciglia; peroche oltra l'essere in ogni attione di seuero animo, e di gioconda fronte; la speranza ch'egli teneua in Christo lo asficuraua piu, che non credette spauentarlo la commission Cesarea, tal che nel uedersi in mezzo a lo stuolo di coloro, che haueuano piu a grado di spargere il sangue per la legge uera, che saluarlo per la falsa: se ne rallegraua come soleua rallegrarsi prima, che egli imitasse l'humilta del Saluatore, quando ne le solennita regie si dimostraua a i suoi popoli. tutte le genti de la citta si auiarono dietro a la moltitudine de i Christiani condotti al conspetto di Massentio, qual si conducano al sacrificio le innocentie de gli agnelli: e chi hauesse uisto Costo Re humile, Christiano inclito, e Martire egregio, hauerebbe compreso la modestia de la mansuetudine, in preda a la superbia de l'arrogantia.

Non pote la Imperiale altezza ne lo incontrar col guardo gli occhi di Costo; trar la uoce, percioche la natura prouocata da la tenera humanita sua non puo fare, che nel uedere la calamità de le miserie altrui non pata tanto, o quanto. ricordossi Cesare de la conuersatione hauuta lungo tempo con lui, ritornogli a mente come i benemeriti di si fatta persona erano suti cagione di collegarlo in amicitia con la sua temuta maestade; la grandezza del cui animo tosto, che rihebbe il parlare disse, noi o Costo non pensiam di mancarti di quella clementia, che mai non ti mancò, e perche egli è

noto in che modo soggioghiamo le genti, uinciam le nationi, diamo legge a i popoli, et humiliamo i superbi, uogliamo anchora, che sia manifesto come sapiam perdonare, si che ritorna a i Dei nostri, habbi in pregio la fama,
tieni cara la uita, e stima la gratia di noi, che sempre
ti hauiamo intertenuto con gli honori, e co i benefici, et
essendo Re; usa termini da Re, altrimenti siamo isforzati
di rispettar piu gli Idoli, che te; peroche eglino e non tu
ci prosperano ne la felicitade.

Io o Imperadore rispose Costo, ui ho fino a qui renduto la
gratitudine, che ui par, ch'io deuesti renderui, per non conoscere colui al qual si dee esser grato; io fino al presente
ho dato a Cesare quel, che non sapeua, che fusse di Dio,
ma hora ch'io lo sò, dassi per me a Dio ciò, che non si
conuiene a Cesare, la potenza del quale non si stende sopra i serui di Christo; il cui nome confesso con la mente, e
con la bocca; peroche la radice de la confessione è la fede
del core, et il frutto de la fede è la confession de la lingua.
et anchora, che ui paia facile il predominare le turbe uniuer
se, trouarete duro il poter sottometere i cori de i fedeli di
Giesu. circa il conto che uoreste ch'io tenesse de la fama,
e de la uita mia, dicoui che sprezzo l'una, e l'altra con
piu ansia, che non bramo la disgratia uostra, le cui inde-
gnationi adoperandosi sopra di me in nome del Redentor
sommo; mi saran cagione di beatitudine non, che di salute,
et auuenga, ch'io sia Re come uoi dite, è necessario uolendo io seruare il decoro del grado regio, ch'io ami Iddio
però, che egli solo puo dare a i Re le gran cose, che essi desiderano. inquanto a lo accennare i miei pregiuditij caso, ch'io

non adori i demoni, che ui faranno fare mal prò e la felici
tade, e lo Impero: mi risoluo a tener l'anima in custodia
del corpo fin, che il suo uscirne risulta in gloria di colui,
che ce la conserua; da che non è lecito di recusare il dono
del uiuere humano, come anche non conuiene di uolerlo ri-
tenere con ingiuria de la uolonta del Signore.

Vdendo Massentio dare il titolo di Demoni a gli Idoli suoi
tutto commosso ne l'animo; tenne un pezzo la terribilita de
lo sguardo fissa ne la persona di Costo, e guardandolo con
occhio nimico; due o tre uolte dal capo al piede: disse tu, tu
ardisci di bestemiare gli Iddij nostri? et egli a lui io non
bestemio cosa alcuna, ma riprendo la insania di chi crede
che sia altra Deita, che quella del Padre, del Figliuolo,
e de lo Spiritosanto. il Creator mio è inanzi al tempo, in
ogni tempo, e doppo il tempo. esso è ab eterno, in eterno,
et in sempiterno, et i uostri Idoli non fur già, non sono hora, ne saran mai. e sappiate o Imperadore, che
Christo la cui ueritade confesso con le parole, e con isperanza di non lo hauere a negar co i fatti, è quello il quale
si dee adorare, e nel quale si dee credere; peroche la fede
è fondamento de la credenza, che si tien di lui. essa fede
uince il mondo, e come essempio di perpetuitade comprende le cose passate, uede le presenti, e scorge le future, tal
che niente le rimane indietro, nulla li uien meno intorno, et
altro non le passa inanzi; onde le sincerita sue per esser
certe, che gli huomini naturalmente desiderano ogni cosa lieta, ogni cosa utile, ogni cosa honesta, ogni cosa
prospera, ogni cosa honoreuole, ogni cosa buona, ogni
cosa placida, ogni cosa salutifera, et ogni cosa stabile;

amano Iddio con tutto il cor de la mente: peróche egli solo è somma letitia, somma utilitade, somma honestà, somma felicitade, sommo honore, somma bontade, sommo diletto, somma salute, e somma fermezza. e per tirare la fede al cielo, come la mansuetudine a la terra; chi l'osserua fino a la fine consegue le sue delitie: e veruna anima (eccetto quelle de i fedeli) si riempie di Dio e coloro, che la posseggano precederanno di virtu in virtu, di bonta in bontade, di zelo in zelo, di merito in merito, e di gloria in gloria.

La rabbia, creata ne l'ira de i Principi alhora, che essi prouocati da lo impeto de lo sdegno; rotti i legami de la modestia sentono affiocarsi la uoce in bocca; auampò in modo la faccia, et il core di Cesare, che apena proferì le parole, le quali comandarono, che prima s'incarcerasse Costo, e poi si desse ordine di affligere con ogni sorte di crudelta; tutti quegli, che non si erano disposti a porger prieghi a gli Idoli. ma stato cosi un poco disse crucciosamente; andate serui nostri a rouinare, ad abbrusciare, et consumare la casa, la robba, e la famiglia di colui, che in sua malhora preuaricò contra i decreti, e contra la riuerenza de la legge, e de la fede nostra; intanto pensaremo cioche douiam conchiudere sopra il delitto del padre, e de la figlia errante. e perche lo essempio di si gran fallo non trapassi ne le nationi sottoposteci uogliamo, che le genti di questa felice regione uenghino a uedere come si puniscono i trasgressori de la diuina, e de la Cesarea uolontade. così disse egli, ma per rammentarsi in cotal punto, che la benignita sua consentiua, che Costo fusse restato Signor d'Alessandria, la quale era preda de le sue armi, del suo senno, e del suo valore: soggiunse in uoce alta: è dunque possibile, che questa citta ne i cui agi, e ne la cui bellezza soggiorniamo un terzo de l'anno, non sia cara a sì fatto huomo: masimamente sendogli suddita, e patria.

Locato Costo in un luogo a pena capace al distendere de le sue membra; si guardò intorno, et uedendosi cinto di lacci, e di catene: ne sentì piu gioia, che non sentiua nel uederfi ornato di porpora, e di Diadema: in total mezzo da chi ne haueua commessione; ordinosi gli istrumenti da martorizzar la costantia de i fedeli. intanto si presero i famigliari, che seguitarono Costo, e Caterina: e legati i buoni, come si legano i rei, gli strascinarono dentro a lo antico albergo del lor uecchio Signore, e posto il fuoco nel palazzo eccellente per la eccellentia de i marmi, et marauiglioso per la marauiglia de l'architettura; in un subito si uidde attaccare a la materia, che lo conuerte di poco in molto. uiddesi ancho doppo alcuni nuuoli di fume; spuntar fuora, e leuarsi in suso per mercè di questa, e di quella fiamma crinita: e mentre lo edificio si staua circondato da la militia Imperiale, e da la moltitudine de gli Alessandrini, l'ancille, et i serui anzi figli, e le figlie di Costo, et le sorelle, et i fratelli di Caterina; con le ginocchia in terra, e con la mente a Christo; usando quella semplicita, che moue le lingue di cotali brigate; si raccomandaro a la sua misericordia, e morendo insieme con la concordia con cui insieme uissero: le anime loro uscitegli del corpo quasi colombe splendide, passando in mezzo a le fiamme lucenti; presero il uolo inuerso il carcere di colei, che gli fu cagione di beatitudine, et ella udendo il piu che dolce mormorio, et il piu che soaue batter di penne, disse; andate in pace spiriti eletti, da, che l'ardore de i cori uostri ha triomphato de lo incendio de la magione mia, et altro sono le ghirlande, che ui da il martirio, che ui ha dato Massentio, che le corone splendide postegli in capo da le uittorie acquistate.

Sapeua l'humile Costo, e la mansuetissima Caterina il successo de la regia casa; peroche gniele riuelarono Iddio, e Massentio; l'uno le ne auisò per grado de la lor fortezza, e l'altro in dispregio de la fede loro. il uenerabile uecchio, e la riuerenda giouane erano diseparati di prigione: ma uniti di uolonta, eglino ne lo intendere il guadagno de i danni propri lodarono il Signore rallegrandosi nel pensare, che le limosine non haueuano lasciato, che diuorare il fuoco, onde le uiolentie sue scoppiando su per le traui d'oro; e su per i palchi di azurro si pascerono solamente di legno, e di colore. dicesi, che ne le rouine del magno albergo si trouarono le genti, che ci morirono in quello atto, che le recò inginocchioni senza hauer pur arsi i panni, peroche la natura del fuoco cedè a la gratia di Dio.

Il diuulgarsi ne la prouincia come Costo e Caterina erano prigioni di Cesare, e nimici de gli Idoli: indusse ne i petti altrui allegrezza, e dolore: gli huomini di cotal paese si rallegrarono de la sorte di tali parendogli, che ciò risultasse in gloria de la comune religione, e si dolsero di la fortuna de i due, perche l'uno gli era Re, e l'altra Reina. ma per essere assegnato il giorno del martirio, che doueuano pati-

re; tutti quegli, che ammoniti dal padre, e da la figlia sò=
pradetti non uolsero arder gli incensi, ne accendere i lumi
a i bugiardi Iddij; da i confini d'ogni parte si mossero i po
poli bramosi di ritrouarsi a uno de i piu crudeli, de i piu
horribili, e de i piu tremendi spettacoli, che mai s'imagi=
nasse l'abisso, non che il mondo. fu immenso il numero de
la moltitudine, la quale comparse in Alessandria per uedere
in quante uie può esser misera la uita humana peroche ella
in quel tempo per il fauore dimostratole da la fertilita del
luogo, e da la benignita de la fortuna aguagliaua di ricchez=
za, e di fama la sacrosanta Gierosolima. erano le genti,
che nobilmente la riempieuano: si molli, e si delicate, e co=
tanto immerse ne l'otio, e ne la dolcezza de le commodita,
che non solo gli habitatori de le uille, ma i cultori de i cam
pi sdegnauano l'abondantia de le cose; e perche la felice
Arabia ci uersaua de le sue gemme, e de i suoi ori, non al=
trimenti, che si uersassi in Gierusalemme: un grande stuolo
di artefici, e di mercatanti essercitauano la sollecitudine de
le loro industrie dentro al cerchio de la citta edificata da la
magnitudine del magnanimante magnanimo Alessandro, in
quatordici giorni. ella che è fasciata di sei miglia passi di mu
ro tien la forma d'una uesta: è altera de l'acque con cui la
inaffia il suo Nilo immortale, schernendo la pioggia, che si
di rado le innò da il terreno si dimostra uerde, e fruttifera, nel
modo ch'e fruttifero, et uerde il paese di giudea irrigato dal
Giordano fiume sacro, et oltra il mare, che l'adorna d'un fre
quentato, e bellissimo porto; è alpestre da ciascun'altra parte,
tal che l'asprezza de i luoghi la guardano con securta natu
rale, come quasi in tal modo è guardato il Gieroso limitan

paese, peroche quindi lo serrano i monti eleuati e le ripe tagliate, e quinci lo cingano le ualli concaue, et i precipitij profondi.

Giunte le turbe lontane, e prossime ne la citta magna, riguardarono con occhio scuro, e con ciglio eleuato le rouine di quei tetti superbi, che gia soleuano ricoprire la casa regia; i cui spatij per molti secoli si frequentarono da corti splendide di genti illustri. Ma per approssimarsi il termine assegnato al tormento de gli amici di Christo: lo stuol, ch'io dico si trasferì a la gran piazza, nel campo de la quale si procacciò una parte di quello agio, che si usurpano le persone strane; quando la dolcezza del piacere le tira al conspetto de le feste tanto nuoue, quanto publiche. in cotal mezo i fiati di chi le sonaua; scoppiar fuora de le Cesaree trombe, e mentre il clangor loro riempieua di romore le orecchie altrui; i costanti huomini, e santi di Dio uote le prigioni aspre di lor medesimi; incominciarono a comparire nel cerchio del supplitio con sì franco uiso, che pareua, che la uicina passione fosse piu tosto desiderata da essi, che temuta. le paure del martirio, et i terrori de la morte, che sogliano far tremanti, e palide le membra, e le fronti di coloro che sorte, o peccato conduce a fine uergognoso, e crudele; non imbiancauano, e non auiliuano le fronti di quegli, ne le membra di questi. il trafitto de le guance, lo indentro de gli occhi, lo asciutto de le labbra, il debile de le gambe, e lo smarrito de i sensi, che si scorge in colui gia mosso a pagare il fio de le sue colpe in sul ceppo, o in sul legno; era in tutto tolto da le persone, e da le sembianze di tali, perciò, che la fede che lo intrepido de i cor lo-

LIBRO

ro haueua in Giesu gli riduceua in maniera chiara l'aria del uolto, che parea, che i riguardanti i lor casi, e non eglino fussono i destinati a satiare la impieta di Massentio.

Mentre i santi di Dio caminauano in uerso il tormento, ecco Massentio, che risplendente di porpora, coronato di gemme, e con lo scetro in mano si fa uedere al balcone del gran palagio. la sua Imperial Maesta sedendo in alto non simigliaua Herode ingordo del sangue de gli innocenti, ne Claudio intento a le pugne de i gladiatori, ne anche Nerone riguardante lo incendio di Roma, perciò, che la crudelta de i predetti fu causata dal timore, dal piacere, e da la pazzia, ma quella di Massentio fu promossa da lo sdegno, da la fraude, e da la superbia, onde gli sfauillaua da i giri de gliocchi, e da i fori del naso; stranamente il fuoco de l'ira, tal, che appresentandosi i miseri; anzi i beati huomini ne la piazza publica, leuatosi suso non si uergognò di sollecitare i manigoldi a i loro dishonesti uffici.

Subito, che i carnefici udirono la uoce Cesarea, tutti tremanti diuisero quegli, che deueuano fare una morte, da coloro, che erano destinati a patirne mille; benche le differenti spetie de le fere si disseparano l'una da l'altra con piu discretione, che quel boia, e questo non disepparò lo stuolo di questo martire, e di quello da le schiere, che haueuano aspirar fuer l'anima con passion diuersa. Da che la iniquita de i cori per mezzo de la istessa perfidia; trouò il modo da essercitare gli istrumenti de la crudelta propria sopra l'altrui uita, non mai fur pensate tante, ne si horrende uie da consumare i figliuoli de la generatione humana, quante ne inuestigò Massentio per affligere le creature confermate ne

la uerace

PRIMO

la uerace credenza di Giesu da le feruide essortationi di Caterina.

Chi vidde lo spatio in cui fur lacerati i giusti: scorse la imagine d'un nuouo Inferno, percioche a lo abisso simigliaua la piazza circondata di popoli, e ripiena d'ingegni atti a martirizare huomini. ma perche iui si haueua a distinguere pena da pena, tormento da tormento, e supplitio da supplitio: uedeuansi a i loro ordini gran numero di caldaie. parte colme di piombo distrutto, e parte traboccanti d'acqua bollente. le fornaci accese di fuoco, le forche riuoltate di corde, et i ceppi ornati di mannaie, faceuano una tremenda mostra; le seghe da stratiar membra, gli uncini da sbranar carni, le mazze da fiacar ossa, e le uerghe da guastar corpi; pareuano digrandinate in cotal luogo tante ue n'era. le fosse profondate in giuso: per sepellir le persone uiue, spauentauano ciascuno. spuntauano fuor del terreno alcuni pali grossi, et alti a guisa di colonne, al busto de i quali stauansi appoggiati una gran frotta d'archi, e di faretre carche di saette. ma quello, che abbassaua gliocchi a i circonstanti era una machina di ferro armata terribilmente di bocche di Granchi, di rostri d'Aquile, e di artigli de Leoni. sotto l'ombra de laquale dimorauano di molte botti piene di serpi pur troppo famelici, et uelenosi.

Al conspetto di si fatte croci; fur presentati gli innocenti amici di Christo, la constantia de i quali nel ueder le morti, che soprastauano a le lor uite, ne ringratiarono Iddio, come lo ringratiano quelli, che ottengano da la sua clementia le gratie desiderate. intanto i Giustitieri riuolgendosi le maniche de la camiscia a i confini, che sono tra le braccia, e le spalle

D

tati uolonterosi, et agili haurebbono cominciato gli uffici
tremendi; impostegli del ueramente nimico di chi si assunse
la mortalità nostra, perche noi ci assumessimo la immortali=
tà sua. Dico che l'uno, e l'altro essecutore del martirio di
quello, e di questo; haurian dato principio a la passione di
colui, e di costui; se Massentio non la indugiaua con l'es=
sergli caduto ne l'animo il uolere, che la real Caterina ue=
desse, come egli sapeua uendicar l'offese, che altri faceua
a i suoi Iddij: per la qual cosa disserrato il carcere, che la
rinchiudeua, fu menata la doue le luci d'ognuno si riuol=
sero a lei, che se ne ueniua in piazza non altrimenti, che
bella et adorna, ne i dì festiui, se ne uiene al tempio una
nouella sposa.

I fiori chinati da la pioggia del dì, o dal gelo de la notte; ap=
parendo il Sole risurgano men uaghi, e men ridenti, che
non risursono i uolti, e gli spiriti de i guerrieri del nazza=
reno, e fisso il guardo nel diuin sembiante de la pura Ver
gine, senza far motto pareuan dire, o ancilla del Signore,
eccoci pronti, eccoci arditi, eccoci forti in quella battaglia
in cui siamo entrati mercè de i tuoi precetti, e bontà del no
stro debito. et Caterina nel ueder loro legati, et ignudi; escla
mò, o magnanimi et inculti Heroy di Christo, così si mili
ta, così si combatte, così si uince, e così si triompha. certo
sì come il Sole, il fuoco, e la rosa si conosce al suo splen=
dore, al suo calore, et al suo odore; in cotal modo si cono=
scano gli effetti de la fede uostra. non si può negare, che non
hauiate il crocifisso ne i cori, e ne le lingue; hauendolo uoi ne
le parole, e ne l'opere; i martiri o fratelli, tegano il primo gra
do doppo gli apostoli. il sangue loro è pretioso piu, che no so

PRIMO

no le gioie de gli Indi; e nel conspetto del Signore la lor morte è pretiosissima. oltra di ciò Iddio permette, che i meriti di tali siano i suffragij d'altrui, si che siate constanti ne la pugna presa per Christo, che non è dubbio, che quelli sono piu accetti a Giesu, che piu guerreggiano per il suo nome.

Nel fine de i suoi efficaci, e religiosi detti; fu trasportata da le spinte, e da gli urti, appresso a le caldaie graui per il piombo liquefatto in esse, e piene de l'acque bollenti in loro, e tosto, che ella comparse iui; gli empij ministri di Massentio, fatte oscure le brutte arie de le lor uiste horride, preso buon numero di coloro, che bramauano di dormire nel Saluatore, e non di uegghiare ne lo Imperadore; parte ne gittar ne i uasi, che teneuano la materia de l'un de i metalli, e parte in quegli, che serbauano quella de l'uno de gli elementi; e mentre gli tuffauano sotto con alcuni spuntoni di ferro; il gridare, mouanti Caterina cosi fatti essempi, fece ristringere in se stesse molte di quelle persone, che stauano d'intorno a uedere con quale; e con quanta crudelta si spengano le uite humane, peroche l'huomo ama la spetie sua, e la natura medesima pate, patendo il suo simile: onde mille faccie diuenner cenere, e mille petti di ghiaccio, ne lo scorgere doppo alquanto di spatio; i rei huomini trar fuora de l'acque, che bolliuano; le miserabili ossa, de le perfette genti, peroche le carni di che si uestiuano poi, che hebbero ne lo entrar giuso scemati i gorgogli, i quali agitaua la uiolenza de le fiamme, che le faceua mormorare; erano rimaste tutte consunte ne le istesse conche. benche fu piu spauentoso a guardare i corpi di coloro, che patirono nel piombo: perciò, che tosto, che ci si traboccar dentro, si spense il suo

D ii

to, che lo teneua disfatto, onde nel rafreddarsi di detta materia, le carni e l'ossa de i patienti diuentaro insieme fieramente dure.

Il Sole pur alhora leuatosi, parendoli nel por mente a sì atroce spettacolo, di offender la madre natura: ascose il lucido uolto ne i ueli de i nuuoli; e la intrepida Caterina uisto con fermo ciglio, come eglino haueuano saputo morire in terra per uiuere in cielo; non orò per loro per esser certa, che chi ora per i martiri ingiuria il martirio, ma basciandogli le reliquie sacre in atto pio, e gratioso disse, o cadaueri de gli amici di Christo, o fragmenti de i figliuoli de lo Spirito Santo, o thesori de gli heredi di Dio; inuidiansi i tormenti sofferti da uoi da, che la eccellente degnità de la propria constantia, ui intrinseca con gli Angeli, e perche la uolontà, e non la necesitade ui ha fatto spregiar la pena, et amar la gloria; prouate insieme con essi quante siano le dolcezze, che notriscano gli eterni gaudij del Paradiso.

Nel così dir di Caterina, la compagnia di coloro, che deueuano esser sepolti non pure inanzi al suo punto, ma uiui, e senza colpa: fu straginata dentro a le fosse cupe, onde la Vergine riuolgendosi a quegli, che per forza di molte destre pale la ricopersono in un momento con la prossima terra: gridò ben penetreranno cotesto suolo i meriti de le beate creature perciò, che la insolente perfidia di Massentio può soffogare i corpi, ma non l'anime. ciò detto benedisse il luogo, e segnatolo con la croce, ecco in un tratto rinchiuder ne le botti piene di serpi, molti de i prefati Christiani. ne prima ci fur serrati, che si udì con che strepito, con che furore, e con quai fischi i fieri animali se gli scagliaro

a dosso. ma come quegli, che ne haueuan cura si credettero, che gli aspidi fussero intenti a empiersi de le carni chri
stiane; aprirono le gran boti, tal, che si uidde in che modo
le crude bisce hauean concie le constanti membra. ueramente i morsi, che poteuano far risentire i marmi, non altrimenti torceuano le persone de i martiri, che si torcano le
statue tocche da gli artigli de i minimi insetti. Laocoonte
sculto da la man dotta de lo stile antico: sente piu dolore es
sendo sasso, che non sentiuano essi, che erano di polpa;
peroche eglino eran si astratti ne la certezza del premio, che
deueuano conseguir da Dio, che non si accorgeuano del duo
lo, che gli faceua prouar Massentio. intanto i sibilanti serpi se
gli riuolgeuano intorno al collo quasi monili, pendendogli
con le teste in sù i petti a guisa di fermagli, e come hedera
auitichiandosigli per le braccia, e per le coscie, circondando-
gli sopra i fianchi in foggia di terribile cintura. ma il tosco
passatogli oltre per le uene, enfiando tuttauia; gli priuò tosto de la solita effigie, et ingrossato loro questo membro e
quello: d'huomini si trasformarono in monstri, ma non re
stando perciò d'inuocare il Signore; esalarono il principale
spirito insieme con l'ultimo fiato.

Dicesi, che mentre l'anime de i patienti saliuano al Cielo,
che da un nuuoletto piu bianco, e piu splendido, che la neue ferita dal Sole, pioue nettare: onde Caterina tutto lie
ta disse in uoce libera, et alta: egli è pur uero, che il uele
no, che hanno tolto i serpenti da lo empio core di Massentio, è l'ambrosia de gli spiriti di quegli; che per gustare il
mele del Paradiso, non ricusano di bere l'assentio del mon
do. l'unica figlia del Re Costo hauria seguito il parlare se

D iii

non la interrompeua la pietà, che la prese nel uedere gittare gran parte de i famigliar di giesu in mezo al fuoco, che senza punto di fume fiammeggiaua dentro a le fornaci ardenti. ma le crebbe l'ardire, udendo armonizare il nuouo cantico da l'anime di coloro, che con i propri corpi turbarono la chiarezza de le faci che gli risoluerono in cenere: e non pur ella; ma i circonstanti anchora uiddere istrisciar l'aria dal moto de l'ali di molti spiritelli, le cui mani lucide sparsono il colmo de i tetti infocati di rose sacre, e di fiori incorruttibili, per il qual miracolo un grande stuolo di brigate confessar Christo con il zelo de la mente, spettando il tempo di poter retificarlo con la predicatione de la lingua, e con gli effetti de le opere.

I sudore sparto da i manigoldi mentre spegneuano le lampe de le christiane uite, gli accrebbe crudeltà a la crudeltà, non altrimenti, che l'ardor de la battaglia accresca ira a l'ira de i combattenti; tal, che rabbiosamente fecer impeto ne le persone di coloro, che con mirabil fortezza d'animo non solo non cederono a i tormenti, ma con lo essempio de la lor tolleranza, fortificaron gli altri nel feruor de la fede. I carnefici predetti si mossero contra i meschini, non qual si mouano i sacerdoti ad uccider le uittime, ma con quel gesto, che atterra nel publico macello la moltitudine de gli agnelli, onde in un subito se ne segarono, scorticarono, flagellarono, appesero, decapitarono, saettarono, e sbranarono piu di mille, benche tutti tra le parole de l'oratione, e le pene del supplitio mandar fuora lo spirito.

Vedendo la celeste Caterina in qua, et in là diffusi, i riui di sangue giusto trasse alcuni sospiri si dolci, si affettuosi, e

PRIMO

giraldi, che haurebbon potuto fendere le durezze de i marmi. dipoi scorgendo teste seperate da i busti, corpi segati per mezo, colli cinti di lacci, pelli suelte da le carni, ossa rotte da le uerghe, membra tempestate da le frecce, e gole scannate da i coltelli, ruppe le uene del pianto, et inghiottendo parte de le lagrime, che le piouueuano in bocca, disse tuttauia singhiozzando; io o Christo non piango perche i tuoi diuoti partendo dal mondo siano ascesi a la gloria, ma dolgomi, che i miei difetti permettano, che io precedendomi glialtri: rimanga l'ultima nel martirio. apena fornì di esplicare tali detti, che uidde cauar la lingua a un, che con essa faceua tromba del nome di Giesu, onde riuoltatase a lo autore di cotanta sceleratezza disse, o monstro di natura, ecco l'huom fedele chiama il Signore con quella de la mente, egli lo inuoca con le uoci de l'animo, et Iddio le intende, si che arrosfiti de la impietade tua da, che per lei ti mostri iniquo indarno. udendo il pessimo boia prouerbiarsi da la uerita de la pia donzella, si auentò inuerso una brigata di christiani quasi lupo al gregge, e gittatigli in terra, essendo eglino legati da un fune medesimo; gli assalì con uarie sorti d'armi da stratiar uite. egli graffiogli con gli uncini, stracciogli co i pettini, e foroglicon gli aghi. dipoi nel uedergli tutti sangue, impiastrò lor le piaghe con la poluere de le calcine uiue, et essi oppressi da lo insopportabile di si fatta passione diceuano, o Christo per esser noi certi che il nostro penar ti è grato, sentiamo patendo una consolatione incredibile, et è certo, che ci gloriamo piu del morire per te come noi moriamo, che non ci siam uergognati di non hauer uisso in te, qual deueamo uiuere.

D iiii

supplitij de i christiani penati: se ben furono piu, che empi si possono chiamar dolci; a parangone di quegli in cui si offerser gli altri, che erano rimasti uiui: per la qual cosa tutto lo stuolo de i giustitieri si diede con opportuno istormento a lasciar cadere questo, e quel martire, sopra quello; e questo uncino: le cui punte faceuano scropulosa la machina, che spauentosamente si dimostraua nel mezo de la piazza grande; onde i corpi de i ueramente inuitti campioni di Christo rimasero apesi doue piacque al caso. alcuno fu ritenuto ne le coscie, altri nel uentre, chi per le rene, costui per i fianchi, colui per il peto; quello ne le mascelle, et altri altrimenti, tal, che si fiera miseria si auanzò sopra ogni patire perciò, che il supplicio, che uccide tosto; è una morte leue, e quello, che la indugia, è un morir duro. cadeua il sangue da le ferite de gli huomini sinceri con gocciole non punto dissimili da quelle de la pioggia, ma ciò uedendo la sacra Caterina; leuati i begli occhi a coloro, che languiuano con gioia: disse o uoi, che satiate la sete di Massentio col proprio sangue; i guiderdoni, che ui dara Iddio saranno inestimabili da, che ui aggrada di perdere piu tosto la uita, che la fede.

Gran cosa a pensare, mirabile a dire, et difficile a credere, che i tormentati fussero piu forti, che i tormenti, e piu perseueranti nel patire, che i tormentatori in dargli passione. ecco i carnefici non men crudeli, che ostinati; si gittar là stanchi, e senza lena; come i tagli de i ferri indebiliti ne la fortezza de le offese membra. e considerando ciò la fanciulla santa, riempiè tutto l'animo d'una noua marauiglia. dipoi parendole, che le pene de i cruciati non potessono esser

guardate non, che sofferte: porse prieghi a Dio con sì caldo
zelo, che le misericordie sue la essaudirono: onde i riposati
manigoldi prese alcune aste lunghe guarnite di spuntoni terribili: finir di uccidere i Santi del Signor nostro Christo Gie
su. a la fine accortasi, che la maggior parte de la gente
d'intorno era compunta, porgendo in uer loro il chiaro uiso
esclamò, chi non si arrischia a spargere il sangue per Chri
sto, arrischisi a uersar le lagrime per Dio.

Era gia uicina la notte quando si fornì la strage de i serui del
figliuol di colei, che se ben trasse la carne, da le carni di
Adamo; non riceue in se punto de le macchie sue. ma per
purità di singular continenza si conuertì in candore di luce
eterna. Dico che non ci essendo piu giorno da trappassare; ne
piu uite da distruggere, che Massentio ne languiua. egli, che
in cotal dì senza altro cibo; temprò la fame e la sete de l'ani
mo, nel conflitto de le membra tagliate, e ne la copia de i san
gui sparti: si crucciò con l'ombre de la notte, i ueli de laquale
si interposero tra il furor suo, et la inocentia di Caterina; tal
che rizzatosi in piedi tutto enfiato dal tosco de la nuoua ira,
la fece relegare in prigione. in quel mentre i tuoni et i bale
ni, fendendo e squassando i nuuoli fecer tremare, e muggire
il condensato spirito de l'aria, et i groppi del uento, et i nem
bi de la grandine, e le frequentie de la pioggia, aggiugnen
do strepito a romore, e romore a fracasso, fan sentire come
i loro impeti, i lor colpi, et i lor diluuij scuotono, abbat
tono, et allagono. ma standosi il Cielo in sì tremendo sta
to, ecco il terremoto commouere ogni edificio con le forze
de le sue uiolenze, e perche il maggior tempio de la cita
fu percosso dal folgore, onde ne caddè il simulacro di Gio-

ne, il popolo di tutta Aleſſandria parea uinto da lo sbigottimento, la imagine de lo errore commeſſo da Ceſare; ne la morte de gli amici di colui, che patendo ci annullò tutte le colpe paſſate, tutti i falli preſenti, e tutti i delitti futuri.

Solo Maſſentio non ponea mente a la dimoſtratione del Cielo, circa l'opere de le crudeltà ſue, e ciò gli aueniua però, che la ſuperbia, che moue la potenza de i regni; proibiſce a chi gli poſſiede la cognition del peccato. ma quegli, che non hanno di che inſuperbirſi, ammoniti da la loro conditione infima; conoſcono le qualità del peccare; e ſapendo, che l'huomo giuſto è guardato da la miſericordia, retto da la giuſtitia, ammaeſtrato da la uerità, e conſolato da la pace, ſi sforzano di oſſeruare le leggi di Dio; honorando le reliquie de i ſuoi Santi, come i conuertiti a la fede chriſtiana da lo eſſempio de i martiri eſtinti; honorarono i corpi, che Ceſare gli hauea fatto laſciare in terra, et altroue. diceſi che gli inferuorati huomini ſi diedero a ſepellire inimici de la falſità de i bugiardi Iddÿ: e che il Cielo riguardante uno officio cotanto pio, ſi raſſerenò ſopra tutta quella parte, che ricopriua con l'ali del ſuo aere l'oſſa pretioſe, e ſacre, onde eſſi; rimanendoſi ogni altro luogo offuſcato da le tenebre accidentali, e notturne; ſenza eſſer ueduti da gli infedeli gli dierono capace ſepoltura.

Sapendo Caterina piu diuota, che incenſo, e piu continente, che mirra; l'humiltà eſſer guardia di tutte le uirtù, ſtauaſi nel carcere cinta di lacci; cotanto humilemente, che parea proprio uno ſpirito humiliato da le concordie de la iſteſſa pare, e chi la compreſe in ſi fatto ſtato, potè ben dir guardandola, ſe nulla di perfettione mancaſſe al Paradiſo il ſalirci

PRIMO

di si egregia Vergine la compierebbe. certo la sua anima uiuente in mezzo de la purissima carne, sembraua Stella matutina, e Luna ripiena del lume Solare. ella era tale, che se tutti i capegli de l'altrui chiome si conuertissero in lingue, e tutti i nerui de gli altrui corpi risonassero con l'organo de la uoce humana, non bastarebbono a raccontarne la millesima parte. ma così qual si potea uedere, raccomandate le ginocchia uaghe a la terra brutta. fissando la uista in alto disse o tu, che uestito de la spoglia mortal fusti stupendo ne le uirtu, marauiglioso ne la perfettione, ammirabile nel nascimento, senza pari ne la dottrina, onnipotente ne i miracoli, et immenso nel sacramento; anchora, che gli altri tuoi diuoti mi uadino inanzi di gratia e di merito, essi mi rimangano forse indietro di uolonta e di fede, e perciò degnati hormai di ascriuermi martire al libro de la uita; che certo io temo al lungo andare, gli inciampi de la fragilita che ci moue: e per esser la composition mortale d'ossa e di polpe, non mi par da fidarsi ne la feminil debolezza, benche spero in te Signor Santo, e Dio forte; e ricourandomi sotto lo scudo de le tue misericordie; non dubito militando per te, di non uincer per me: acquistandomi ne i seruigi tuoi lode per lode, gratia per gratia, e gloria per gloria. ma perche tu solo sei dolce ne la bocca di chi ti predica, soaue nel core di chi ti inuoca, e placido ne la memoria di chi ti prega sempre ti predicarò con la lingua, ogni hora ti inuocarò con la mente, e continuo ti pregarò con la fantasia. onde mi assicurarò che i lamenti, l'angustie, le tribulationi, i cordogli, i dolori, le afflitioni, i ramarichi, le uoci, le stride, gli affanni, e le querele; mi produranno al tempo de la loro ragioni seme, che sparto ne i campi de le compassioni tue mi faran gustare frutti contrari a le predette cose.

Le parole de la nobile Caterina, rimescolate col fiato simigliauano a i raggi del fuoco diuino, e ciò procedeua dal core, ilquale sendo tutto acceso nel formare i detti, che ella esprimeua; causaua il lor fiammeggiare nel suono de i propri accenti; la cui chiara harmonia (hauendo ella doppo Iddio; riuolto l'animo a la Maestà del Padre però, che neruno altro pensier uano era atto a mouerle tempesta nel mar de la mente) rinouò il soaue de le uoci con dire, deh Christo Re de la gloria, specchio de la uerità; e lume de la uita guarda me, che adorandoti prego te per la grandezza de la tua fede (le ragioni de la quale si ponno contrastare, ma non uincere) che aiuti colui, che pur generò la inutile serua tua. io mi risento tutta pensando in lui, e non è marauiglia ch'io ciò facci da, che son fiato del suo spirito, stilla del suo sangue, et imagine de la sua forma: onde par, che le tenerezze humane mi distrugghino le uiscere. ne l'ultimo del suo cordial parlare lasciò cader giuso le lagrime de la carnalità mansuetissimamente, peroche ella hebbe una gratia spetiale in ispargerle, onde potè più, che altra donna; infiammar gli altri a piangere le istesse mende, e quanto fauellaua più giocondamente, tanto era più facile a mandar fuora il pianto de la gioconda diuotione, tal, che l'acque, che le uersauano dal giocondissimo uiso; irrigandosgnele; come l'onde de i fonti irrigano i fiori de i prati; non erano differenti da la rugiada, che piouan da gliocchi le tempre de la modesta letitia: onde parea che lo affetto de la pastor, che la mouea; la facesse et dolerse, e goderse in un medesimo tempo, ritenendo sempre la naturale allegrezza nel sembiante, però, che quegli, che la contrafanno col macilento de l'arte, paiono spauentare il Signore con le larue de la hippocresia, e pur sanno; che a la eterna bonta di lui si dee porgere lietamente le intentioni del core.

La benedetta fanciulla doppo l'orationi fatte a Dio, porse le honeste luci fuora de la finestretta, che daua quasi niente di lume a la prigion cieca; in cui si staua rinchiusa, et uedendosi cinta da un drapello di coloro, che desiderauano contemplarla et ascoltarla; cominciò a predicargli il nome di colui, che ci è consolation ne gli affanni, riposo ne le fatiche, sicurezza ne i pericoli, sanita ne le egritudini, consiglio ne gli errori, scudo ne le battaglie, gioco ne le afflitioni, rifugio ne gli esilij, e porto ne le tempeste. et ammaestrandogli ne la credenza di Giesù; diceua fratelli poi, che sarete ridotti sotto le leggi de la uerace fede di Christo usate nel sopportare i mali, che uersa il mondo sopra il capo di coloro, che ci uiuano: il senno de la integra prudentia, peroche gli accidenti i quali tutto dì ci percuotano sono di tre spetie, l'una è mossa da i nostri soli demeriti, l'altra dal diffetto del prossimo, e l'altra da l'ira de la giustitia di Dio, onde non si puo fuggire lo austero de la penitentia, il molesto de l'altrui malitia, ne il gastigo de la correttion diuina. ma in quello, che sofferiamo pur cagion di noi stessi sacrifichiamo al Signore, in ciò, che ci assale la inuidia portiamolo in pacientia, et in quanto prouiam per Christo patiamolo con il ringratiarlo. cosi dicendo la preclara donzella, ecco a lei molti de i serui di Massentio, i quali imposto a chi ne hauea la cura, che la presentasse a Cesare

LIBRO

uscendo ella di donde alhora alhora fu tratta, rimasero stupidi uedendo la biondissima testa sua circondata di lampi a guisa di diadema.

Non in altra maniera fu spinta l'ardente Caterina nel conspetto del regnator de lo uniuerso, che si spingano una colomba ne i nidi strani, i nembi de la tempesta: e chi l'hauesse uista in mezzo de le turbe indiscrete, gli saria paruto di uedere un giglio tenero oppresso da la man roza d'un pastor ruuido, e perche il raggio del lume, che quasi corona le spontaua intorno a le tempie, folgoraua oltra modo; Massentio ci abbagliò dentro tosto, che ella gli giunse inanzi, onde si empiè tanto piu di stupor, che i suoi serui; quanto essi eran meno atti a la consideration del miracolo, che sua altezza. pur egli se ne stette, e ritenendolo in se, mirò la giouane con occhio rigido: dipoi aprendo la bocca disse con uoce alta, può esser Caterina, che gli essempi, che la nostra giustitia han posti auanti a la tua pertinacia; non habbino in te fatto si, che lo sdegno di noi si conuerta in beneficio di te, che con ingiuria de la nobilta, e de la etade di cui sei ornata, e de la qual risplendi, sforzi a nuocerti, colui non brama se non giouarti? certo la natura dee pentirsi del dono, che ella ti ha dato poi, che la ostination tua disprezza l'oro de le tue chiome, il sole de i tuoi occhi, i fiori de le tue guancie, il uermiglio de i tuoi labbri, il candido de i tuoi denti, il soaue del tuo fiato, il morbido de le tue carni, il delicato de le tue membra, il sotile de le tue mani, lo espedito de le tue braccia, lo suelto de le tue gambe, il picciolo de i tuoi piedi, il leggiadro de la tua persona, et oltra la Maestà del tuo sembiante, la gratia de i tuoi gesti, la dolrezza de le tue parole, la grauita del tuo andare, e la gentilezza del tuo stare: e quel, che piu uale, la profondita del tuo intelletto: si che riconosciti, deh fallo Caterina se uuoi, che noi ti accarezziam co i doni, e non puniam co i tormenti.

Attendendo il massimo Imperadore la uirginal risposta, ode la uiril donna, che gli dice col guardo suo nel suo: se uoi sapeste di quanto prò mi sono stati gli essempi, che dite, mai non me gli ponauate in su gliocchi, perche io per conto di si fatte morti; ho imparato a uiuere. i martirij con cui la sententia de la crudeltade ha lacerati gli huomini fedeli, gli huomini pij, e gli huomini giusti: son desiderati da me con quel core, che ui pare, ch'io gli deuesse aborrire. peroche ogni poter Cesareo, gli esserciti, i popoli, le terre, i thesori, l'ubbidienze, le corone, le uittorie, et i triomphi, non possono drizzare in honor de l'altrui nome; uno altare non, che i tempij: e se non fusse il testimonio di questa statua, e di quella, che gli rappresenta in un pezzo di marmo, in un peso di metallo, in una quantita d'oro; in ispatio di pochi anni non si conoscerebbeno i Re da i serui, et il titolo di Diuo, che la temerita di chi signoreggia la terra, rapisce dal mondo: glie dedicato da i trauagli, da i perigli, da i sudori, da le uigilie, da le fami, da le seti, da le insidie, da le neui, da le pioggie, da i caldi, e da le ferite. e le predette heroiche uirtu gli acquistono ciò, in processo d'un lunghissimo tempo. ma a un che pate per Giesu il supplitio d'una minima hora; gli son sacrate le chiese, arsi gli incensi, accese le lampe, appesi i uoti, scolpite la imagini, et celebrate l'hore del suo patire. e quel, che piu gioua, la inuidia, che spesso scema, e spegne la gloria humana: non ha giuriditione ne i meriti de gli eletti di Christo, e non ce l'hauendo, non puote interromper loro i guiderdoni celesti. hor ditemi Imperadore la potestà, che ha lo arbitrio uostro in donar le citta; puo risuscitare un morto? puo sanare uno infermo? puo saluare una anima? puo scacciare i demoni? nò, che tal uirtu è solamente ne i Santi, i cui corpi mercè de la carità, del digiuno, de l'oratione, e de la limosina si chiamano uiuendo tabernacoli di Dio, et il Signore ci ha dato in serbo le reliquie loro, acciò, che se gli riuerisca la memoria. hor per rispondere al dire, ch'io prouoco a nocermi, chi cerca di giouarmi. dico, che la ignorantia, che ui cela il uero causa in uoi la credenza, che ciò non pur sia, ma che ancho la natura si penta de le cortesie, de le quali ui pare, che ella mi habbi arrichita. guai a me se io stimassi le cose, che sottoposte a i fumi de le uanità, son diuorate da la frequentia de i giorni. inquanto a i premij, o a le pene, le quali mi proponete si, o nò, ch'io ui ubbidisca; conchiudoui essermi piu caro il patire di quelle, che il gioir di queste, perciò, che s'io uò piacere al Saluatore mi bisogna adornar l'anima di santimonia, e non il corpo di pompe.

L a somma del parlar graue de la saggia amica di colui, che mostrò ne la sua carne, la nostra resurressione; tinse il uolto di Massentio di quel colore liuido, con cui il cor uelenoso suol conturbar l'aria de l'altrui fronti; con le nebbie de l'ira. e per essere l'alterezza de i Principi nel uetarsigli le lor richieste; uno incendio incomprensibile: la maestade Augusta, ne la conclusione fattagli da la intrepida giouanetta
si commosse

PRIMO

ſi commoſſe talmente ne le furie de lo ſdegno, che lo impeto de la ſtizza crollandolo tutto, gli interrompeua le parole in bocca. onde in uoce fiera, e confuſa ſembraua il cielo athora, che intricando il ſuo mormorio con i lampi de i baleni fugaci, indugia un pezzo a partorir la ſaetta. la quale uſcita fuor de i nuuoli, che ella fende; abbattendo le cime, ſpauenta le genti, come ſpauentò i circunſtanti il pericolo de la colera imperiale; i cui fernetichi acquetatiſi alquanto; lo riduſſero apoco apoco in ſe ſteſſo, per la qual coſa tacendo ognuno, poſtaſi la mano al petto diſſe, o femina piu oſtinata, che ſauia da, che i tormenti, che ſi danno a l'animo per eſſer egli piu nobile del corpo; ſon piu aſpri: deliberiamo, che i tuoi cominciano da l'animo, benche ne al tuo corpo, ne al tuo animo perdonaran le croci, lequali uogliamo, che tu patiſca nel uiſibile de l'uno, e ne lo inuiſibile de l'altro: e ſolo gli Idoli, che tu diſpregi ponno intercedere per il tuo ſcampo. Coſi parlò Maſſentio, non dando orecchio a le parole de la ſicura Verginella, le quali ſonarono e con l'animo, e con il corpo, ſon per ſoſtenere le paſſioni, che mi ſaran date per Chriſto: ne qualunche ſi ſia de gli Iddij uoſtri potran fare, ch'io ſchiſi le pene, che ſi minacciono a lo interno di quello, et a lo eſterno di queſto; ſiami pur ſalute ne l'anima, che il reſto ſon uermini e fango.

Mentre che il core di Caterina unica, eſpreſſe tali detti fuor de la lingua; il ſuperbo Imperadore comandò, che Coſto genitor di lei fuſſe martorizzato a la preſenza ſua, la qual coſa intendendo ella non potè raffrenare i ſoſpiri; però, che la carne, che le ueſtiua legitimamente la uiua eſſenza

E

LIBRO

fu punta da le carita de la natura istessa, le cui compassioni mai non perdano i priuilegi loro, e se bene lo spirito è tutto conuerso a Dio, le tempre, che lo sostengano con le tenerezze de la humanita, si lasciano distruggere dal caldo affetto, che ne la congiuntione de la affinità; procrea l'amore, ilqual si porta al medesimo sangue. Subito che il Principe de i Romani, e del mondo, stabili ciò, che deueua seguire del Re d'Alessandria, accennò le turbe, che rimenassero la Donzella nel carcere, et iui rilegata si stesse fin che arriuasse il punto, e l'hora del supplicio paterno. intanto si notifica a Costo ciò, che gli determina sopra la testa de la uita, la crudelta d'una pena incognita ne lo Inferno, non che in terra, onde il preclaro huomo caduto inginocchioni orò a Dio tacitamente, ma con sì ardente affetto, che tutte le sue carni diuentar rugiadose d'un sudor bollente, e ciò gli auenne non per la tema de la morte, che egli haueua a prouare, ma per la molestia, che gli daua il deuer patire in su gli occhi de la sua dolcissima figlia. pur rinfrancatosi alquanto, ridrizzò lo smarrito animo in su le uie de la constantia, e fortificando il cor suo con gli schermi de la fede; rassicurò se stesso con la rimembranza di Abraam massimo patriarca di Dio; parendoli, che l'esser premosso a suenare Isaac primogenito di lui fusse altro, che morir egli in conspetto de la sua unigenita Caterina.

E spediti gli ordini dati a la passione prescritta a l'ottimo Costo; il popolo ricorse di nuouo a uedere il lor Re misero secondo la carne; ma beato inquanto lo spirito, e perche piacque a Massentio predominato dal Principe, che regna tra i silentij de gli horrori eterni; il luogo eletto al patir de

PRIMO

l'huomo santo fu dinanzi a le rouine del suo antico palagio, e ciò si fece perche da lui si scorgesse qual sorte di danno gli causaua l'osseruar de l'altrui religione. erano i crudi carnefici accinti ad esseguire il nefando ufficio, quando il gran vecchio si vidde spuntare dal capo d'una strada, e l'alta giouane da la cima d'una altra. Ma nō senza lagrime de le genti, che moueuano dietro, e che ondeggiauano inanzi a sì degno padre, a sì gentil figlia. il Re venerabile se ne veniua graue danni, carico di senno, e ponderoso di catene, non altrimenti, che se il peso de le catene, del senno, e de gli anni gli fosse leue, dolce, e soaue, come gli era soaue, dolce, e leue il patir per colui, che con le tenebre de la sua morte ralluminò la nostra vita. et oltre lo apparirgli ne la sembianza illustre, la ubbidienza di Abraam, la castità di Ioseph, e la mansuetudine di Moisè; ci si scorgeua le fatiche de l'oration di Noè, la constantia del digiuno di Daniello, e la liberalità de la limosina di Giobbe. in tanto si dimostraua ne i gesti, che egli moueua nel venirsene oltre una vittima pura ardente ne la imolatione del sacrificio.

Nel rincontrarsi i lumi begli di Caterina, con gli occhi graui di Costo; il tepido caldo de l'anima, che palpitaua nel sacro petto loro; gli tornò di ghiaccio, peroche la natural misericordia ristringendo a sè i nodi; con cui i lacci del sangue gli conlegaua insieme: non potè far di non sentir le punte de la terrena calamitade. e per dir de la nobil Vergine se bene era in tal cordoglio oltra lo apparirle ne la real fronte l'humiltà di Maria, la carità di Maddalena, e la sollecitudine di Marta: risplendeua ne gli atti di lei la sincerità de la fede d'Anna, la spetialità de la gratia di Lisabetta,

E ii

e la modestia de la osseruanza di Cleofè, onde conuersi a se il guardo di ciascuno; a ognun parea che ella fusse hor anima beata, hor uirtu celeste, hor Angel di Dio. e tutta raccolta ne le qualita de lo spirito, dicea seco medesima, o Dio u'uo, padre onnipotente, Signor pietoso, Re magnanimo, pastor buono: precettor unico, giouator ottimo, pane continuo, luce ampia, dolcezza singulare, uia retta, sapienza preclara, simplicita pura, concordia pacifica, guardia sicura, salute perpetua, misericordia magna, patientia inuitta, hostia immaculata, redention certa, speranza ferma, carita perfetta, resurrestion uera, uita eterna, e senza fin permanente; uagliami l'esser Christiana in tutte le uirtu, che tiene in lui cotal nome, e si come egli è titolo di giustitia, d'integrita, di pudicitia, di humiltate, di fede, d'innocentia, di bonta, di continenza, e di pietade, cosi sia a me dono di somma fortezza, che d'altro non han bisogno la fragilita de i tuoi martiri, ne con altro possono triomphare de la impietà di Massentio.

Ne lo arriuar Costo diletto a Giesu, et odioso a Cesare; doue la rabbia de lo Imperadore, e la credenza sua gli deueuano dare il Cielo, e torre il mondo: i giustitieri diputati a tormentarlo gli messero le mani indegne, ne la chioma sacra, e trattolo con ogni sorte d'ingiuria ne lo spazzo, simigliaua la fede istessa lacerata da i suoi contrarij. intanto apparisce un Thoro negro macchiato di bigio oscuro, la indomita giouentu del quale; era si superba mercè de l'alterezza irrationale, che con la tempesta de i passi spargeua l'aria de la terra, che egli calcaua. e mentre fissaua il toruo de lo sguardo ne i uolti altrui: le corna, che a guisa di Luna cur uata ne lo scemar suo; gli spuntauano sopra la fronte con acutezza terribile: onde faceua tremar ciascuno ardito. ma ogni altra cosa fu nulla, eccetto il ueder fermare il Thauro, e denudato il uenerando Principe; legargli le mani a i piè di dietro del Giouenco, et i piedi a le zampe dinanzi, poscia con alcuni stimoli prouocar l'animale a strascinar colui, che oraua con le uoci del silentio, peroche sapeua, che ancho le parole del core peruengono a le orecchie di Dio.

La Vergine, la quale col uoler amar Christo, fino a la fine, mostraua di amarlo senza fine; uedendo in qual maniera si haueuano a squarciar le membra sane; del suo padre caro; sentì trasformarsi di persona uiua; in marmo sculto. ma ritornata tosto ne i uitali uigori: disse o fiera men cruda che Massentio, da, che tu pur sei di quella utile spetie, che ne l'humil Presepio; col temprato alito riscaldo le membra del nascente Christo: ti scongiuro per gloria di colui, che amando l'huomo caduto dal giorno de la gratia, a la notte de la colpa, lo solleuò da la notte de la colpa, al giorno de la gratia; a non ti mouer di luogo. al suono di Caterina fermossi la bestia non altrimenti, che s'ella hauesse hauuto in se il discreto senso de la ragione, ne si curando de le punture, che gli feriuano il cuoio di questo, e di quel fianco, senza punto crollarsi pareua, che i suoi mugghi esplicassono il miracolo del non si poter più mouere: per la qual cagione i manigoldi leuatogli di sotto il martire glorioso: lo colcarono dentro una arca di ferro sfauillante per il fuoco, che in molta abondanza di bragia gli fiammeggiaua d'intorno: il qual atto uedendo la innocente Caterina non fece altro, che comporre le ciglia in alto, ma con sì fatto clamor di cuore re, che scosse fino a i chori angelici: onde piacque a colui, che si chiama figliuol di Dio; per esser Dio di Dio. dicesigli Christo, perche egliè da la persona diuina assunto in huomo secondo il mortal de la natura. e si nomina Giesu in quanto che è Iddio unito con l'humanitade. Dico che le preghiere occulte de la Vergine, impetrarono dal creator magno, che al fuoco di quella fede, la quale con i suoi feruori ardeua il petto sacro del Re santo, cedesse non pura lo incendio difuso nel ferro crudo del duro letto; ma a la fece de lo abisso anchora, benche egli nel seguir del supplitio, non hauria sentito punto del martirio del corpo, pero che ei possedeua co i sentimenti de l'anima, i refrigeri del paradiso, tal era piu tosto per farsi ne la passion piu perfetto, ne l'amor piu feruente, e ne lo abbrusciar piu giocondo; che niente dolersi del tormento.

Hauendo la calda oratione di Caterina raffreddato l'ardore, il qual deuea con l'acerbita de la pena, consumare le carni nobili del buon Costo; non potè secondo la magnitudine de la gratia ringratiarne Christo, però, che lo esser di nuouo ripreso, e destinato ad altro martirio, le fu cagione di ritornare a mouer la bonta diuina a liberare il padre dal terzo tormento. ella languidamente tremante disse in uoce pura, e semplice; io sò bene o Giesu, che chi piu pate per te, piu teme Iddio; so ancho, che noi per uia del martirio ci accendiamo a la fede, e riscaldiamoci a la diuotione, e che egli nel lacerarci le membra; ci rintegra l'anima, nobilitandola co i pregi de la fortezza: Ma non posso costretta da i uinculi di tutte quelle ragioni, le quali congiungono i figliuoli a i padri; non hauer pieta del mio, ben ch'io rimezzo la somma di cotali compassioni al giudicio de la tua uolontade, e sia il supplicar ch'io faccio gloria de i tuoi miracoli, e non merito de i miei uoti. ciò detto la Vergine risguardò i carnefici la cui perfidia uolendo, e non potendo stracciar la pelle, troncare i nerui, et isnodar l'ossa di colui, che la ingenerò; accesi d'ira noua gareggiauano insieme con il ritroso de la bestialita. intanto la Vergine si udi ua dare il titolo di Maga, e nel rimprouerarsele ciò, il comandamento di Massentio impone a i tormentatori, che decollino Costo, o Caterina; rimettendo la sorte del campar di quello, o del morir di questa, a lo arbitrio libero di questo, e di quella.

Anchora, che la iniqua uolonta di Cesare fusse risoluta di far perir prima il padre, che la figlia; per occupar le lor menti con la diuersità de i cordogli; godeua d'una gioia estrema; peroche la pena aggiunta a la pena prouata da gli animi, che riparono i lor frangenti; ne la tranquillita de la constantia; suole talmente commouergli co i uenti de le noue strade, che la tempesta de i duoli incogniti, facendo impeto ne lo stuolo de i pensieri confusi; rompendo ne gli scogli de la peruersita, gli induce piu tosto a la disperatione, che a la patientia. Ma circa ciò la predetta sentenza è nulla, che se ben Caterina, e Costo erano conturbati dal crudel uariar di Massentio, non mancauano de la deuuta perseueranza, ne de la debita prudentia: e poteuano farlo da, che le uirtu di si fatta coppia; per non hauer niuna repugnantia co i uitij; gli riduceua tuttauia nel supremo grado de la perfettione: tal che udendo cioche si determinaua a danno loro, sparsero la faccia d'un color si lucido, che potè rassicu-

LIBRO

rare qualunche hauesse temuto del cader de l'una, o de l'altro. intratanto dice la mansueta Donzella, ecco padre, che la Dio mercede, togliendo io sopra di me la morte preposta a un di noi due, potro ristituirui in parte l'esser, che mi hauete dato. io eleggo la morte, perche uoi possediate la uita. uada Caterina inutile ancilla del Signore sotterra con la imagine, e rimanga Costo sufficiente seruo di Dio sopra il terreno con lo spirito, perch'io uoglio piu tosto, che il martirio mi rubi gli anni, che potrei uiuere, che me gli marcisca il tempo uiuendo. et emmi caro piu, che il uiuere, il tentare col mezzo de la morte presta, di fuggire il peccar tardo. Voi padre in uirtu del senno graue, che ui regge grauemente; potete schifar gli errori, che si attrauersono intorno a le attioni di chi ci uiue, et inuecchiando man tenerui ne la grandezza del ben fare. ma io fanciulla inesperta; a tutte l'hore andrei a rischio di pericolare ne gli intoppi del mondo. si che lascisi cascare l'ira di colui, che ci perseguita sopra il capo di colei, che brama che uoi uiuiate in honor di Christo; i giorni uostri, et i di suoi.

Resta pur uiua tu rispose Costo, che se uerun debito è tra noi, egli si riman dal lato mio però, che io ti diedi al mondo, e tu mi dai al Cielo. io ti feci conoscer gli Idoli, e tu mi hai fatto comprender Christo. io ti son suto guida, e tu mi sei stata salute; per la qual cosa il morir mio; è premio del uiuer tuo. ma s'io morissi lontan da la morte, come per la uecchiezza le moro uicino; crederei morendo sodisfare a Giesu molto piu, ch'io forse non gli sodisfarò; solo per parermi, che ciò sia un compiacere a la età, che manca del poter seruire a Christo, e non al desiderio, il qual cresce nel uoler patir per Giesu. cosi parlò il Re Costo: e Caterina a lui, s'egli è quel, che uoi dite, il fine che ci sopra stà si deue a me. però, che bontà de la giouanezza, le son tanto discosto, quanto uoi gli sete appresso, e Costo a lei; non replicare altro sangue del mio sangue; perche Massentio condanna hor me, per condannar poi te; si che figliuola dammi il bascio de la partenza eterna; dammelo figliuola, che ben piacera a Dio, ch'io te lo renda in paradiso: ne le cui logge mi faranno spatiare le tue orationi feruide, i tuoi preghi santi, et i tuoi uoti pij.

Senza la pietade, senza la santita, e senza la feruenza de i uoti, de i preghi, e de l'orationi in cui uoi padre sperate rispose Caterina, goderete de le case empiree, peroche lo acquisto, che hauete fatto ne la misericordia del signore: non mancarà di fruire i suoi guiderdoni, onde io ubidisco acciò, che dispone Iddio, et a quel, che piace a Costo; al qual basciò la real fronte con le labbra del core humile uolea; dir'ella, ma non potè esprimerlo per cagion del pianto, che le estinse le parole in bocca, et uinta da la carnale humanitade, non uenne meno, perche lo aiuto celeste le rinfrancò gli spiriti con forze tali, che senza nulla smarrirsi sostenne di uedere aprire il uentre paterno, et a un piccol subbio riuolgergli le uiscere immaculate. Costo padre di Caterina ne lo esser tormentato, e Caterina figliuola di Costo nel ueder tormentarlo; mostrauano tanta constantia di corpo, e d'animo, che la Natura, la quale fino a quella hora non haueua conosciute le sue possanze; non se ne uanagloriò, perche Iddio le fece confessare, che la fortezza de l'animo, e del corpo de i suoi era gratia di lui, e non uirtu di lei. non poteuano i

LIBRO PRIMO

circonstanti guardare, ciò, che essi soffriuano, e tutti i padri, che haueuan figli, e tutti i figli, che teneuan padri se deleguar uia. il resto de le genti era commosse pietosamente però, che da un canto gli premeua il ueder affligere la giouane ne l'eta prima, e da l'altro abbatere il uecchio ne l'eta ultima. i troppo acerbi giorni di quella, et i troppo maturi anni di questo; non gli lasciaua punto del uiso asciutto, parendog'i anchor, che fussero infedeli, che la clemenza deuesse hauere qualche poco di luogo ne la fanciullezza de l'una, e ne la decrepitudine de l'altro. ma per esser in tutto preda de la crudelta; Costo inuittissimo Heroe di Giesu Christo; esalò l'anima beata in gratia di colui, che sol col nome raffrena l'impeto de l'ira, spegne il tosco de la superbia, sana le piaghe de la inuidia, estingue le fiamme de la libidine, ammorza le sete de l'auaritia, e purga il fele de l'accidia.

Il fine del primo libro.

SECONDO LIBRO DE LA VITA DI CATERINA VERGINE BEATA.
AL MARCHESE DEL VASTO CHRISTIAN PERFETTO.

SECONDO LIBRO DE LA VITA DI CATERINA VERGINE BEATA, AL MARCHESE DEL VASTO CHRISTIAN PERFETTO.

Auendo uisto la constante Caterina ne lo spirar di Cosso, uscirgli di bocca un lume, il quale si alzò al Cielo, e crescendo tutta uia penetrò al paradiso: ritornosi nel carcere piu lieta, che non se ne era partita me sia, peroche ben uedeua oltre la saluation del padre, che le misericordie di Christo ci sono giuoco ne le tribulationi, sicurezza ne i pericoli, e porto ne le tempeste. ella uedea bene, che le speranze poste in lui, son piu felici, che non son misere quelle, che si locano in altri: e per uederlo, gittatasi giuso con le ginochia, ferendo co i lampi de le sue luci la uiuezza de l'aria disse, O tu, che solo sei quello, che sei semplicemente solo; e per non essere in te senon eternita di uiuer beato; tu stesso sei la sempiterna beatitudine di te medesimo. dammi modo ch'io diuenti habile a morire ne i tuoi seruigi piamente, drittamente, e santamente, dammelo Signore, accioche io mi consoli ne la uita futura, i cui doni son preparati da le tue magnanimita a tutti quelli, che ti amano, e però se le puo dir uita sicura, uita tranquilla, uita bella, uita illustre, uita uiua, uita casta, uita gioconda, uita riposata, uita sana, uita modesta, uita pacifica, uita retta, uita eccellente, uita degna, et uita non repugnata da uerun contrario. concedimi santo, santo, santo Iddio Sabaot, che io rotti gli alberghi de l'aura

LIBRO

terrena mente uitale, me ne uenga Costassù, che certo quanto piu uaglio in considerarti, e quanto piu ti posso considerare, tanto piu mi accendo in amar te, e di trasferirmi a te.

Subito, che la perseuerante Caterina hebbe fornito d'orare, piacque a colui (in honor del quale ella formò l'oratione) di consolarla con le giocondità de i gaudi, che nutriscano gli angeli, e l'anime. onde le sparse ne gliocchi le soauita del sonno, e spargendognele se le chiusero con tempre si dolci, che parea dormendo uno di quegli spiriti, che uegghiano dinanzi al conspetto di Dio. e chi l'hauesse ueduta ne l'atto, nel quale la recò l'honestà de la quiete, e l'auertenza de la discretione; hauria compreso la bonta de la natura conuersa ne la forma di lei. intanto il suo spirito sempre desto ne la contemplation diuina; uede cose noue, cose magne, cose mirabili, e cose immortali. egli uede apparire ne la prigion, che la guarda; un drapello di Arcangeli si fulgenti, e si chiari, che le luci de la sua mente non poteuano soffrire il fuoco de la porpora, nel uiuace del lampo, che gli infiammaua i uolti, et indoraua l'ali; e perche lo angusto del carcere non era capace a riceuere la solennita de le feste, che iui haueuano a celebrare i celesti esserciti: i cenni de i famigliari di Giesu l'ampliarono in modo, che il mondo ui ci sarebbe potuto ricourare con l'agio, che noi ci ricouriamo nel mondo. ampliato, che fu il piccolo spatio si riempiè subito di Cherubini focosi, e di Serafini fiammeggianti la moltitudine de i quali con ordine mirabilissimo; ingemmar di se stessi tutte le mura de la gran magione, il pauimento de la quale auanzaua di candore, e di uaghezza il terso

SECONDO

de l'oro, et il lucido de l'ariento. uedendosi la egregia Vergine dilettare da la stupenda uisione, uoleua dire a Christo, e perche honorar me indegna de le pompe terrene; con le magnificentie celesti? quando ecco scoppiare fuor de i metalli superni, e fuor de le uoci diuine, i suoni et i canti, sonati, e cantati dinanzi a la faccia del mirabile Dio; tal che l'anima di Caterina inebriata di si fatta dolcezza non sentiua punto aggrauarsi dal peso de la spoglia mortale, e mentre il cõcento di l'harmonia non piu udita da le orecchie humane, si compiaceua ne la istessa concordanza, il tetto che ricopriua con lo azurro prestatigli dal Cielo, il cerchio de la prigione sacrosanta, diede luogo al benedetto Christo, la cui Maestade accompagnata da la Vergine, che lo partorì, da gli Apostoli, che lo seguitarono, e da i Santi, che gli credettero, sedendo nel solio de la propria gloria, mosse a dire in lingua di Dio, chi è questa che uiene dal deserto, e copiosa di ricchezze stassi assisa sopra il suo diletto? chi è questa candida come Aurora, bella come Luna, e splendida come Sole? Tu sei amica mia, bellezza mia, colomba mia, e diletta mia. uieni a me, a me uieni o sposa cara, se uuoi, ch'io ponga il mio trono in te. uieni sposa poi, ch'io desidero la innocentia tua, la semplicita tua, e la puritade tua; e desiderandola rallegro gli ordini de i miei Angeli puri, semplici, et innocenti. la perpetua compagnia de i quali ti si promette per osseruartela, acciò, che le passioni per me sofferte, et in me riguardanti, da me sian ristorate.

Così sonò il parlar di Giesu; ne l'audito di Caterina, e mentre il tinnito de gli ultimi, e terribili accenti mormoraua

anchora; Maria vergine de le vergini, e misericordia de le misericordie, vestita de i lampi del Sole, e coronata de i raggi de le Stelle, prese il sottile, il delicato, et il sacro dito di Caterina humile di core, e mansueta di vita, et il largo, il clemente, et il pietoso figliuol suo lo cinse con lo anello de la gratia, solidandolo con la fermezza de la fede, per ciò, che essa è la nostra parte nel verbo de la vita. per lei si vince il mondo, solo a la fede (la quale a modo d'uno essempio di eternitade comprende nel suo gran seno le passate, le presenti, e le future cose, niente rimane indietro, niente vien meno) e niente passa inanzi. havendo Giesu isposata la singularissima Vergine, e riceuuto in dote la somma de le sue heroiche virtuti; ricominciò il romor dolce de la musica de gli Angeli, con la cui unione si accordauano i canti de i Seraphini, e de i Cherubini, i quali a guisa di lumi sfauillanti ornauano di lor medesimi la stanza auenturosa. in cotal mezzo cadeua da le mani sante de gli spiriti eletti una pioggia de i piu bianchi gigli, de i piu vaghi fiori, de le piu belle viole, e de le piu fresche rose, che si cogliesser mai ne i giardini superni; e Caterina humile nel fausto di cotanta gloria rendute a Christo le debite gratie; inginocchiatasi dinanzi a colei, che fra il secreto del ventre suo conchiuse la grandezza de la diuinita somma; pareua dirle salue Genitrice del Motor vero, salue Tempio di Dio viuo, salue albergo del Re eterno, salue Tabernacolo de lo Spiritosanto, Salue fiore de la radice di Iesse, salue rosa purpurea di Hierico, salue cipresso di Sion, e salue letitia d'Israel, luce di Nazareth, nobilta de lo Vniuerso, rugiada di Diuinitade, scala del Cielo, porta del
Paradiso,

SECONDO

paradiſo, e trono del Signore, Salue dico poi, che tu ſola meriti d'eſſer magnificata in ogni ſeſſo, in ogni ſecolo, in ogni conditione, in ogni ſtirpe in ogni popolo, et in ogni lingua. Tu ſola ci raccomandi, ci riconcilij, e ci rapreſenti a Dio figliuol di Dio. Tu ſola ci rendi placato e miſericorde il Giudice tremendo. per bontade tua, e per tua mercè i noſtri deſideri, e le noſtre lagrime ſono inteſe da colui, che ci dona gli honori, la gloria, e la eternità. e per te ci è lecito di uenire a la beatitudine di chi per te uenne ne la noſtra miſeria; e però tu, che auanzi di ſplendore la nobiltà Angelica; conſeruami Ancilla grata al mio ſpoſo, Iddio, e Saluatore.

Tolta la ſacra Vergine da la giocondità ineffabile de la gran uiſione, tutta eſſultante ne la gratia del Signore; ſembraua ueramente coſa di Dio. onde il cor ſuo gioiua con la letitia, che moue in cielo l'anime piu uicine a la preſenza del Creatore, ma perche la ſoauità de gli odori, i quali per teſtimonio de i miracoli uiſti da lei, laſciarono le roſe freſche, le uiole belle, i fiori uaghi, et i gigli bianchi; rendeuano in conforto di refrigerio l'afflitione, che le rimaſe nel ſeno, mentre uidde il conflitto de i martiri di Chriſto; ſenza niun diſturbo di mente ſi poſe a ragionare con la iſteſſa anima, dicendole o anima, che per dono di Dio hai parentado ſeco, e per corteſia di lui ſei impreſſa col ſuggello nel quale è formata la ſua imagine propria; da che il ſangue del figliuol ſuo ti ha non pur redenta, ma ſpoſandoti in fede, et in carità dotata di Spirito ſanto, et oltre l'ornamento de le uertù, che ti reggono, determinato il fine con gli Angeli, ama lui, che ti ama, ubidiſci lui, che ti ſerue, et troua lui,

F

che ti cerca, perciò, che egli non solo è causa, e principio
de l'amor tuo, ma il merito, il premio, il frutto, il mezo,
et il fine d'ogni tuo essere. sarai adunque sollecita in cotal dilettione non pensando ad altro, che a lui, che tutta
via pensa di te. sij netta, e pura, con chi è perfettamente
purissimo, è nettissimo. ardi sempre per colui, che ti trahe
del lago de la calamità, e del fango de le miserie, perche
solo egli nel giorno oscuro de la tua sepoltura, abandonan-
doti tutti gli altri, ti sara guida lucente per la regione incognita, conducendoti a la felice piazza de lo eterno Syon;
et iui locandoti tra le militie sue consentirà, che tu contempli la mirabile essenza de la immensa Maestade sua, come
ancho ha consentito, che tu la contempli dormendo. ma essendo cosi dolce la memoria de l'hauerla ueduta ne la mortal uisione, che sara il uederla ne la presenza, de la immortal ueritade: sara cosa incomprensibile a lo intelletto; benche
a noi nel suo mancar di cognitione; affermando il tutto
con la sincerita del core, basta solamente la fede. hor ritornando a te o anima dico, che ami il tuo sposo, et amandolo, bramalo con uehementia infinita, che ciò facendo potrai
entrare in quella soprana citta, in gloria de la quale si sono esclamate cotante marauiglie, e nel grembo a la quale è
il ricetto de le pecorelle lauanti. Sappi anima, che tu ci
puoi salire, auuenga che ti aggradi salirci co i piedi de
l'amore, perche a l'amante nulla impossibilità è difficile,
tal che a te sia il uoler frequentemente, famigliarmente, e
perpetuamente correre le contrade de la celeste Gierusalemme uisitando i Patriarchi, inchinando i Propheti, salutan-
do gli Apostoli, honorando i Santi, et con lo ammirarti

e con lo stupirti del grande essercito de i martiri, e de lo immenso stuolo de i confessori; ti specchiarai ne i cori de le uergini consacrate da la clemenza diuina, al fruire le allegrezze de la uita sempiterna.

Sentendosi la spirituale sposa del Signore tutta accesa del suo co de l'amore, de la dolcezza, de la dilettione, del desiderio, de la carita, de la pieta, del piacere, e de la esultatione di Giesu; ne giubilaua come persona quasi uicina a gli effetti de le sue speranze: ma l'opposito di lei faceua Massentio percioche, i cani, che per commissione de la crudelta, di cui egli era uso, deueuano diuorare il mal concio corpo del Re Costo, co i dossi rabuffati, co i ringhi in gorgia, co i ceffi digrignati, e co i morsi rabbiosi lo render sicuro fin, che i Christiani gli diedero honesta fossa, miracolo, che prouocò Cesare a dire, et a far cose per causa del dispetto ch'ei n'hebbe, che la Maesta sua parue d'Imperadore diuentar nulla; la quale stoltitia ripresero molto i Baroni di lui; essi gli dissero o Sire egli è reale offitio de gli animi grandemente generosi; il tranquillar con le calme de la pace, le procelle de l'ira: incendio de gli spiriti ne i proprij petti. Adunque colui, che in uirtu del suo senno piu, che ualoroso ha uinte le genti indomite si lascia predominare da lo sdegno promosso in lui per conto de le cose uili? scacci l'alta prudentia uostra co s tale impeto da la mente sua, che le magiche incantationi sono falsita punite sempre da lo istesso errore, et auuenga, che pur ui piaccia il uendicar le ingiurie de la comune religione; fatelo religiosamente, e con modo sacro: e non giouando procedasi col ferro, e col fuoco. Ecco Caterina

F ii

discesa da antiqua, e da incoronata stirpe, si sta in prigione, ne hauria forza di rimouerla da la presa ostinatione niuna terribilita di spauento: e come ciascun uede ella tanto spregia le lusinghe, quanto i tormenti, tal che il mele di quelle, ne il fele di questi non ui ponno punto acquetare; onde ci pare, che si tenti di conquistarla con l'armi de le scienze altrui: si che mandisi per tutti i saui, che uiuano ne i regni posseduti da noi; peroche mettendosi seco in disputa, potrebbe forse auuenire, che la efficacia de la ragione, le cui capacita signoreggiano tutte le parti de le menti discrete la riducesse a quello, che non la ridurriano i supplitij: e caso che ella ueramente piena di eloquentia, e di sapere fusse conuinta da le gentili dottrine, la cultura de i nostri iddij accrescerebbe con somma gloria uostra, peroche ne la di lei conuersione si conuertirebbero molti di coloro, che la seguitano ne la credenza di Christo crocifisso.

Il parlare non men saggio, che deuuto, e non men deuuto, che nobile; ramorzò l'ira di Massentio, come ramorzano il caldo de la state, le pioggie, che uersa il Cielo doppo i giorni caniculari. e conoscendo il consiglio datogli da le persone predette, esser fedele, e santo ordinò a i ministri di lui, che ispedissero corrieri in qualunche Prouincia si ubidisse a le potenti leggi sue: accioche i Rettori, i quali le dominauano in suo uece inuiassero dinanzi a la Maestà sua, i sapienti sparti nel cerchio de la machina del mondo: la qual cosa intendendo questi Philosophi, e quegli con ogni altro spirito adorno del lume de le scelte dottrine; si messero a uarcar quel piano, quel colle, quella ualle, quel bosco, quel deserto, quel monte, quell'alpi, quella terra, e quel ma-

SECONDO

re, che il monstruoso de la Natura haueua posto tra i confini di Alessandria, et il paese il quale con passi solleciti gli faceua caminare il comandamento Cesareo. ma perche le cose, che desiderano i Principi sono accelerate da la speranza del premio, o dal timor de la pena, con cui le loro ecellenze sogliono qualche uolta gratuire chi gli serue, e sempre gastigare chi gli disserue; gli herarij de le morali discipline, in corto interuallo di tempo, si rappresentarono al conspetto di Cesare Massentio Augusto: l'altezza del quale gli accolse con quella fronte placida, che rasserenata da la letitia del core; suol riempire altrui de la giocondita chiara, che mostra fuor l'aria de la sembianza propria. e mentre rimiraua in loro lo squalido, e lo acuto de la faccia e de gli occhi: lo inculto, et il lungo de le chiome e de la barba: il disprezzato, et il mendico de la uita e de l'habito: il debile, et lo fianco de la persona e de la età, eglino auidi di udir cose noue tutti riuerenti, tutti graui, e tutti acerrimi chiesero a lui il perche la clemenza sua traheua loro pesanti, et uecchi dal luogo nel quale dimorauano, o quello in cui si erano trasferiti.

Noi rispose Massentio hauiam fatto chiamar uoi, che escedete tutto il resto de gli huomini ne la perfettione de le scienze, acciò, che il sapere del qual sete lampe; difenda il culto de gli Iddij, che ci guardano, et uendichi la ingiuria fattaci da la loquace, da la presuntuosa, e da la ostinata insolenza d'una fanciulla bella come arrogante, arrogante come nobile, e nobile come uirile. e quando sia, che superiate gli argomenti di lei, con ragioni, che uaglino ritornarete a le case paterne ricchi di doni, ornati di gradi, e cinti

di quella gratia con cui potiamo felicitar le genti. Apena
fornì Cesare di esprimere i detti de la sua intentione, che
l'alterezza, la quale è proprio uitio de gli ingegni eleuati,
mescolata con la uergogna; si gittò a i uolti de i sapienti co
i uampi de i soliti rigori, e rimasti tutti attoniti pareuano
ombre di spiriti illustri; scornati da la ignorantia del uulgo.
e perche la liberta de la lingua è special licentia de i dotti
riscossi dal disdegno, dissero in uoce piu sicura, che chiara; Adunque lo Imperadore de l'uniuerso chiama da le re
mote parti del mondo noi, che siamo tali, quali deuriano
esser gli altri; al contrasto d'una giouincella femina? non
merita cotanto oltraggio l'alma, e gloriosa sapienza; auuen
ga che i suoi priuilegi le danno, che i potenti dominatori de
gli emisperi l'aspettino s'ella tace, e l'ammirino s'ella parla. et è ben dritto essendo ella immortalita di memoria a
chi la possede. Cedangli i seggi, i diademi, et gli scettri
reali poscia, che ella è ogni cosa, et essendo il tutto niuna
eccellenza di altezza è maggior di lei. oltra ciò il suo essempio per insegnare la sobrieta, la giustitia, la prudentia, e la uirtu è thesoro de la uita: tal che le gemme, e
l'oro a comperatione sono arena de i fiumi, e fango de i cam
pi. e piu ti diciamo, che il suo mezo ci intrinsica co i Dei,
ci mena per i cieli, ci annouera le stelle, ci dimestica con
la sorte, e ci apre i secreti de la natura; si che o Principe
solo, et inuitto, non torre a si gran Dea la degnità, che non
le hai data; ne consentire che quel, che puote un discepo
lo sia opra di cinquanta precetori a te serui, et a noi simili.
Il palido del uiso, il torto del guardo, et il trauerso de la te
sta di Massentio conchiuse a i Saui ciò, che gli poteua in-

SECONDO

teruenire caſo, che indugiaſſero ad eſſeguire gli ordini deſtinati da la poteſta de la ſua uolontade. ma esſi,che ben ſapeuano,che il ſupplitio de la uita altrui ſia nel diſubidire a i grandi: cambiato propoſito diſſero con finto animo, eccoci o Ceſare pronti a eſporre ne i tuoi piaceri il ſangue de le uene, non che le parole de la lingua, ſi che dtermina il giorno, et eleggi il quando ti aggrada, che noi in accreſcimento de la cultura de gli Dei ; uendichiemo le offeſe, che a le tue eccellentie fa la paZZia de la Donzella, che tu dici. in tal forma fauellarono i preclari intelletti a lo Imperadore, et egli riſpoſe loro domani uogliamo, che entriate in diſputa con l'audacia di colei,che da il titolo d'infelicitade a tutti quegli, che adorano gli Idoli, et affermando il loro eſſer Demoni dice, che esſi ne le neceſſita non uengano, ne le tribulationi non ſoccorono, e ne i pericoli non diſendano ; tenendo chi gli crede piu beſtiali, che non ſon coloro, i quali preſumano, che il Diauolo non ſappia uerſare il feroce nel manſueto, il crudele nel piatoſo, il furibondo nel benigno, l'oſtinato nel modeſto, e lo ſceletato nel ſanto. ſua Maeſta dicendo ciò diſſe non quel,che gli haueua detto pur alhora Caterina, ma quel,che gli fece fauellare il ſentimento de la uerita. non ſoàgiunſe altro Ceſare, ne altro replicarono lo ſplendore de le dottrine terrene ; ma diſpoſti a contentare il lor Monarca ſi ſtettero aſpettando il dì, che precedeua al giorno, che paſſaua: ne le cui hore uinſero perdendo, peroche ne la perdita acquiſtar Gieſu, et acquiſtandolo non ſi curar di laſciar il corpo in terra ; per ſaluar l'anima in Paradiſo.

H auendo la elegantisſima Vergine preſentita e la uenuta de

E iiii

i sapienti, e la disputa, ch'ella deueua far con essi il gior
no precedente a la notte le cui fascie nere, e le cui bende
horride haueuano gia imbrunito il uolto de la terra, et il ui
so de l'aria: ristretta ne le humilta de le sue honestadi,
fu preoccupata in un subito da quel modesto ismarrimento,
che assale il core di chi teme, perche egli ama, et ama quel
ch'ei debbe. sapendo la giouane, che lo acuto desiderio,
e la feruente uolonta de la dottrina speculante, entra sempre nel cercare la diffinitione di Dio presumendosi, ch'ei
sia una certa mente sciolta, libera, e separata da ogni mortal compositione: la quale ogni cosa sente, et ogni cosa mo
ue, et essa propria è ornata di mouimento sempiterno: temeua parlandone di non ingiuriare con la sua natural conoscenza, la onnipotente essentia del suo Amante. et a la
grandezza de la temenza religiosa aggiugneua lo essempio
di Christo benedetto, la semplice bonta del quale predicò il
padre co i cenni, e con le breuita de le parabole, solo per
non torre il pregio a la fede, et il premio a i credenti. la
uerita di Giesù disputando co i dottori del tempio aprì gli
occulti sensi de le scritture sacre, e non propose, ne risoluè le
quistioni risolute, e preposte da coloro, che mentre combatano
con le parole, restan prigioni con gli animi. laboriosa richie
sta è quella di chi dimanda ad altri, che cosa è Iddio, e teme
raria risposta quella di chi conchiude Iddio esser (uerbi gratia) una potenza, et una sapientia, che sa, e puo infinitamente
tanto piu de gli huomini, quanto infinitamente gli huomini
ponno, e sanno meno di Dio; peroche egli non è atto da esser
merlo con i uocaboli humani, ne hauiamo istrumenti da ima-
ginarlo; onde è impossibile a diffinire quel, che non è poss

bile a pensare et è certo, che ci è dato piu tosto il trouarlo, che il diffinirlo. benche solo il contemplar la bellezza del
mondo, l'ordine de le cose, la sodezza de la terra, la dif
fusion de l'acque, lo spatio de lo aere, la celerita del
fuoco, il corso de le stelle e la rapacita de i cieli ci
fan conoscere Iddio; e solo col predetto spettacolo ce lo
dimostra la prestanza de la natura, il commodo, che noi
usiamo, e lo spirito per cui respiriamo; onde ci deueria
bastare circa il confuso dubbiare di cotal diffinitione.
ma la colpa de la ignoranza humana uole, che mentre ci dilettiamo de le marauiglie, che ci fa uedere
Iddio. nasca in noi diffidenza de gli stupori, che ci
nasconde.

Per esser Caterina tutta confusa ne la imagination del pensiero ricorse a Christo dicendogli io o Redentor uero ti ho
sempre amato, e sempre ringratiato non co i doni, ne co
gli incensi ma con il cor puro, e con la fede candida: pero
che la prouidentia del tuo potere adorna de la gratia diuina
quella mente salda, che schifando il male, fa esseguire il bene. ma hauendoti ogni hora ringratiato, et ogni hora amato
nel modo ch'io dico, e ne la maniera, che tu sai temo al
presente gli intrighi de le insidie infedeli, e tanto piu cresce in me il timor di ciò, quanto piu mi conosco priua di
quella sapienza, la quale è fulgore splendido, et apparenza placida del sommo bene, onde io fauellando di
se senza essa parlarò di ciò, ch'io credo, e non di
quello, che si puo difendere però, che solo Iddio ha
faculta di sapere; quel che tenta d'inuestigar l'huomo.
ma perche non debbo io sperare i suffragi de la tua gentes-

sa bontade? perche diffido io di quel fauore del qual mai non mi uenisti meno? perche dubito io di non debbellare in gloria tua inimici de le tue uirtuti? chi non sa, che le dottrine philosophice, le quali son battaglie di parole, e non dichiarationi di cose; rimangon uane udendo ragionare de le tue uerita? de le quai parlarò secondo che tu mi darai gratia, ch'io ne parli. o santo la cui uolontia è adempiuta de le proprie potestati, o santo la cui imagine è ogni natura, o santo oltre ogni eccellentia maggiore; essaudisci il uoto de le mie parole, il cui affetto esce dal cor mio, e a te se ne uiene a guisa di sacrificio, si che accettalo santo ineffabile, e solo da esser predicato da colui, che haura schifo la peruersita de le fallacie contrarie a la cognition uera; col muto del solo silentio.

Perche il sonno è gioconda sobrieta de l'anima, et il chiuder de gli occhi efficace sguardo de lo spirito: uolse il cielo per grado de i prieghi de la uergine, e per tranquillare il petto di lei, che ella dormisse con le luci de la fronte, e con quelle de l'animo uegghiasse. intanto uno de gli alati nuntij di Dio, mosso dal cenno de la sua Maestade spiega le penne di fuoco, e d'oro, et aprendo con esse l'aria, e le nuuole, quasi lampo folgorante scintille uiue, et infinite; comparse a Caterina, la quale nel tener serrati i lumi del uiso, et aperte le ciglia de la mente; non era troppo dissimile da l'Angelo mandatole dal Signor, che se bene la Luna auanza le stelle di lume non le spegne. ella, che amaua il Creatore col zelo di quella fede, con la quale si dee amare; tenendo le membra ricadute in sul gesto, in cui uegghiaua dormendo; simigliaua più tosto uno spirito beato, che una fanciulla terrena, et il cerchio di raggi, che per dono celeste le cingeua le tempie; la toglieua in modo dal parer cosa mortale, che ogni altro nuntio, che l'Angelo oltre l'esser uinto di bellezza, e di splendore l'hauerebbe inchinata: benche cosi Donna qual era, il gran messo la riuerì, e ben le conueniua la riuerenza angelica essendo ella serua di Dio, martire di Christo, e sposa di Giesu. Riuerita, ch'ei l'hebbe con l'humiltà sacra de la testa aurea; le disse in suono di uoce terribile, rallegrati Vergine da, che il Signor perpetuo de gli esserciti eterni ti ha in degnità, et in gratia sopra messa, et inanzi posta a qualunche femina si sia; onde daratti non pur di superare i sapienti di Massentio, ma le uerità de i tuoi detti gli porranno in mano, et in capo la palma, e la corona del martirio. et in fede di ciò, ch'io parlo, eccomi teco fino al termine de la tua uittoria, e de la lor conuersione.

Riempierono le parole de l'Angelo talmente le orecchie di Caterina, che la terribilità del mormorio non piu udito da lei, le porse cagione di ritrarsi da la uision de lo spirito, et aprendo gliocchi del uiso; di marauigliarsi de l'odore, e de lo splendore, che ella sentiua, et uedeua nel carcere. Spiraua il celeste uccello odore di ambrosia, e di nettare, e rifulgeua luce di immortalità, e di diuinitade: per la qual cosa la Giouanetta uaga in ogni sua occorrenza, di ringratiar colui, che fa lucer le stelle; si diede a la oratione, ne mai leuò le ginocchia di terra fin, che non apparue l'alba, e subito che ella uidde il giorno, disse o giorno, secondo il fauellare angelico, prescritto da Dio a la conuersion de i Saui, et a la uittoria mia; tolga il Signore ogni uelo da le faccia tua, non si attraversi fume di nebbia alcuna per l'aria, et il Sole renda la istessa purità di lume, che nel crearlo gli concesse il fattore di tutte le cose. siano l'hore d'hoggi testimoni de i miracoli del Saluatore, ne la bocca de la sincerità di me indegna di mentouare il nome di lui. e tu uisibile, et inuisibile nuntio del Rettor di quel, che si uede, e di ciò, che non si mostra, poi che per esseguire la sua uolonta debbi guardarmi, guidarmi, et insegnarmi insegnami, guidami, e guardami, peroche io ho bisogno de la tua guardia, de la tua guida, e del tuo precetto. non fauellò altro la Vergine: ma si diede a ripensare come sia possibile, che ella infima ancilla di colui, che sempre fu, ogni hora è, e tuttauia sara: tenga tanto fauore con Dio, che i suoi famigliari l'amaestrino, la guidino, e la guardino: e ciò pensando ne pianse per allegrezza. ma se la grandezza de gli honori tranno le lagrime da gliocchi di quegli, a i quali è permesso lo essere humanamente essaltati; come se ne ponno astenere gli eletti da Christo nel fruire de la diuina gloria?

Mentre l'humor de la letitia, spruzzato fuor da le luci de la Donzella; bagnò con la rugiada de le sue stille i gigli bianchi, et i fiori uermigli nel uiso di lei; ecco il detto pianto rimescolarsi con l'acque d'una doglia, che auanzò il gaudio, che ella sentì nel pensare al fauor promessole dal padre del Cielo. pareua a lei, poi che esultò de la gratia donatale da Dio; di hauer pregiudicato non solo a la modestia de l'humiltà diuuta, ma di esser precipitata nel uitio de la brutta superbia: e parendole ciò ne piagneua, e piagnendone la pietà del Signore la fece acquetare da l'Angelo, che ue

SECONDO

l'haueua fatto compagno, egli le disse asciuga le lagrime Vergine, e ridi di ciò, che tu piagni, che è lecito il rallegrarsi del suo ben fare, e de lo esser grata a Dio; la cui bontà si compiace del riguardo, che di non errare hanno i giusti, la perfettion de i quali consiste nel conoscersi imperfetti. ciò detto il celeste imbasciadore soggiunse da, che si apressa la pugna, che dei far per Christo riconfortati ne lo spirito, ristorati ne la mente, e rinfrancati ne la fede: e la lode, che tu acquistarai pugnando per lui; vada a conto del suo nome piu, che grande, e piu, che santo. e così sia rispose Caterina, la mansuetudine de la quale tratta di prigione al tempo stabilito, se ne uenne fuora con tutto il popolo de la cittade intorno; peroche la fama, che quasi tromba diuulgò la nuoua disputa haueua inuaghito di udirla ogni sorte di gente. Ma a chi la simigliarò io nel suo comporire al conspetto e di Massentio, e de i sapienti, e del consiglio Cesareo? essendo ella simile a se stessa, e solo atta a sembrar se medesima: per uoler comperarla propriamente non è da dire, che paresse Luna illustrante il Cielo, ne Sole doppo la pioggia, ne Aurora ne i suoi candori; ma per darle conueniente similitudine dicasi, che lo arriuar di lei simiglio quel di Caterina vergine quando chiamata a la disputa giunse dinanzi a la maestà di Cesare, a i suoi del mondo, et a la nobiltà d'Alessandria. ella trahendo a sè gli occhi d'ognuno, ognuno acquetaua con lo splendor de la belezza, con la degnità del sangue, con la mansuetudine de i gesti, con la modestia de gli sguardi, con la gratia de la giouentù, con la gentilezza de la persona, e con la generosità del sembiante. ma perche non sò, che luminoso le balenana d'intorno la eccellenza de gli huomini preclari, che deueuano disputar seco, giudicar tra loro, ch'ella fusse piu che Donna. onde cominciarono a temere in presenza, quello, che in assenza haueuano disprezzato. essi astratti nel mirar la sua faccia sopra humana, non erano differenti da quegli intelletti cupidi, quasi smarriti nel contemplare i miracoli de la natura, rinchiusi ne la diuersita de le cose.

Lo Imperador magno incoronato in segno di potesta, e di uittoria, d'oro, e d'alloro si sedeua in sul trono aureo, i cui gradi erano ripieni de i piu cari amici di lui, et i sapienti a guisa d'una poco meno, che ritonda Luna il circondauano. solo Caterina ridotta in luogo commodo a lo ascoltare, et al rispondere uolse restarsi in piedi con dire, che i militi di Giesu non si stancano. ma essendo ciascuna lingua sepolta nel tacito del silentio, il gran Cesare espurgatosi alquanto, guardati due e tre uolte i circunstanti, recatosi in atto degno del moto de la sua alta persona disse (per parer giusto, ma non ch'ei fusse) noi o dōzella nobile, non perseguitiamo i christiani per crudelta propria, ne per odiar piu questa, che quella natione, peroche la clementia è in maniera ricchezza, e dono de la natura, e de la generosita nostra, che ci compiaciamo nel perdonare a gli humili, come ci siam cōpiaciuti nel gastigare i superbi, ma lo heroico de la uirtu, che diciamo nō può dimostrarsi a beneficio de gli osseruanti una religione tanto contraria a la osseruata da noi, quanto il grado il qual teniamo auanza lo stato altrui. per laqual cosa ci è forza di estinguer le faci atte ad abbrusciar le case de gli Idoli, che ci perseruano queste ghirlande in testa, questo manto in dosso, e questo scettro in mano. oltra ciò non potiamo, ne de-

SECONDO

uiamo comportare, che il mondo retto da noi sotto uno Imperio, sia amministrato dal rito d'una legge diuersa; e di qui nascono le prigioni, i tormenti, e le morti, che a la ostination d'altri fa prouare il debito nostro. ma perche apparisca quanto sia grande il rispetto, che noi hauiamo a le persone, le quali errano piu tosto per difetto d'oppenione, che per colpa di malitia; uogliamo, che tu Caterina difenda le ragioni, che ti par, che lo Iddio tuo, habbia con gli Dei nostri.

e ragioni rispose la Vergine le quali ha il mio Saluatore co i uostri demoni gli auanzano di tanto, di quâto il solo Iddio auanza la moltitudine de gli huomini; e la differenza, che è tra il sempiterno, et il breue si uede tra colui, che adoro io, e quello che adorate uoi: e parmi hauer detto piu uolte, che i Mercuri, i Saturni, e gli Apollini fur persone in terra, ma non son numi in Cielo, ne per altro (da chi ignora il Creator uero) segli da il titolo di Deità, che per i benefici i quali uiuendo riceuer da la loro humana uirtu; le istesse patrie. ne ui moua il furore ne lo udir ciò, peroche la crudelta de la perturbatione non conuiene a l'animo del sauio, e mentre predominaraui l'ira diuentarete di Re seruo. Acquetandosi la celeste lingua di Caterina, Massentio la guardò con uista immobile, e con lingua tacita però, che i sapienti annullarono col principiar la disputa, quello isdegno, che il core gli haueua acceso ne la bocca, e ne gli occhi, essi che gia ammirauano la facundia de la Virgine, come si erano ammirati de la presenza, adulando a Cesare dissero, Noi o fanciulla non entraremmo a parlar teco di materie diuine se non fusse, che ogni minima cosa, che al seruo impone il Signore non diuentasse grande: egli è certo, che mentre osseruiamo ciò, che l'altezza Imperial ci comanda, participiamo de la riputatione de la sua soprana degnitade; e ne lo ubbidirla acquistiamo da lei gratia, e da gli altri laude. onde mossi da la sua gran riuerenza diciamo, che oltre, che tu offendi non pur la legge Romana il cui rito meritamente è predominatore d'ogni altra legge; non è lecito a pensare, non che a dire, che gli Iddij non siano; massimamente confermandolo il testimonio di quelle scritture, che uoi christiani chiamate sacre. ecco il uostro Iddio non disse a lo Hebreo Moisè; io ti ho constituito Iddio di Faraone? Dauid principe de i uostri propheti; non parlò ad alcuni io ho detto, che uoi sete Dei? e quel Paolo che appellate uaso di eletione, e dottor de le genti; non lasciò scritto certamente sono Iddij molti, e Signori molti? adunque uuoi tu mentire con ingiuria di Cesare, non solamente un tuo Apostolo, et un tuo Propheta ma a lui, che tu tieni per Iddio proprio? e per uenire a la filosophia non si sà egli, che la perfetion de lo uniuerso ha bisogno di uarij Idoli? peroche sendo Iddio perfetissimo; come siam certi, che diresti a chi te ne dimandasse è meglio, che siano molti Iddij peroche due perfettioni auanzano il perfetto d'una sola. oltra ciò la unità principio del numero; non si può attribuire a Dio conciosia, che ella conuenga solamente a le cose che hanno quantità, onde la unitade per esser Iddio (secondo te immateriale) non gli appartiene, onde conchiudiamo che Iddio in cotal modo non puo esser uno e caso, che tu allegasse quella unitade, la quale è conueniente a tutte le cose, per esser una de le passioni de la

SECONDO

ni de la essentia di ciascuna cosa; risponderemmo si fatta unitade non poter conuenirgli in ueruna maniera; peroche ella importa la priuatione, la quale sendo cosa imperfetta, a Dio, che è, come tu ti credi, sommamente perfetto; si disconuiene.

R assicurata la dotta Vergine da quel diuino messo, che inuisibilemente la custodiua; tutta sparsa ne le uaghe guancie del rossor bello de l'honestà natiua; aprì le caste labbra, le quali pareuano guardie de la scientia, come ancho la sua lingua dimostraua d'esser hamo de l'anime. ella aperta la soauissima bocca disse, egli non è marauiglia che si grande, e si graue schiera d'huomini; habbia uergogna di uenire a disputa con una femina quale io sono. ma è ben miracolo, che uoi profondi mari, de la sapientia non comprendiate, che non sete condotti a disputare con l'apparente persona mia, ma con il saper di colui, che hoggi mi constituisce qui con l'arme de la sua fede; onde spero triomphar di uoi, come il garzon Dauid di Golia, e la uedoua Iudith di Holoferne. ma per rispondere a ciò, che de gli Dei parlano i testimoni da uoi allegati; a quel che dice, che son Signori, e Dei molti, soggiugne; Noi non hauiamo se non uno Iddio, et il real Propheta non ispecifica assolutamente eglino esser Dei; ma concede cotal titolo a i giusti, la cui bontade participa de la diuina maestade, la quale habita ne i Santi, come in proprio tabernacolo. onde meritamente son chiamati tempij di Dio, peroche il Signore arde in loro quasi candela ne la lanterna, e si come il lume fuor di lei risplende, cosi la gratia celeste amministrante i cori de gli eletti, appare ne le attion de i buoni, non come apparisce il Sole ne i giorni sereni, ma qual si uede la uerità in colui, che

G

dicendo a Moise, io t'ho constituito Iddio, seguitò di Faraone, e ciò disse per hauergli dato potestà di far miracoli nel suo conspetto. Venendo hora a le ragioni philosophice; dico, che per esser l'Vniuerso perfetto si conchiude la unità di Dio; peroche le cose create non uogliono esser mal disposte, ne malamente gouernate, sendo il mondo de la perfetion predetta; onde bisogna credere, ch'e sia un solo, e primo principio, dalquale et il cielo tutto, e tutta la natura depende. e per rispondere a l'ultimo argomento; dico, che per essere Iddio, et immateriale, e principio del numero non gli conuien l'unitade; conciosia che quella appartenga a le cose, che hanno materia, et in ciò ben parlaste: ma la unità se gli deue, come passion de l'essere; quantunque ella importi la priuatione, la quale non si ritroua nel perfettissimo Iddio, la eterna essenza del quale è una perfetion suprema, a cui non manca perfettione alcuna, che se altramente fosse auuerebbe, che l'uno de gli Dei, che uoi dite richiedesse qualche perfettione differente da quella, che richiederia a l'altro; e così non saria compiutamente perfetto ne uerun di loro, ne Dio. oltra di ciò se fussero piu Iddei sarebbe composto da la differentia, e da qualche cosa, per cui questo, conuenisse con quello, onde auuerria, che ne quello, ne questo per la compositione non fusse Iddio, con ciosia, che Iddio è prima cagione, ne la quale non puo esser cosa composta: peroche le cose composte deriuano da la parte componente; la qual cosa repugna a la causa prima; peroche ella non dipende da niuna altra, et essendo Iddio prima causa, primo essere, e primo principio, non ha compositione alcuna in sè, tal che non puo essere se non uno Iddio

SECONDO

solo, infinito, et incorporeo.

Simigliaua Massentio Augusto ne lo ascoltare il dire ardente di Caterina, una uerga debile agitata dal uento. la maestà de sua tacendo non trouaua luogo, parendole molto strano, che una si famosa caterua di huomini gli indugiassero la uittoria sperata. ma perche egli non poteua per sè solo difender le ragioni de la sua legge, come per se medesimo haue sàp puto uincere il mondo con l'armi; stauasi aspettando il succcesso de la grandissima disputa: i cui profondi andari, incominciauano a indurre sì alto stupore ne l'animo de i sapienti, che eglino guardandosi l'un l'altro in faccia; pareuano dire, che donna è questa? pure procedendo oltre rapiccarono il quistionare con la eloquente donzella; dicendole può egli essere, che l'ultima parola, che ti sia caduta di bocca habbia detto, incorporeo a Iddio auenga, che ciocche ha le passioni, e le proprieta corporali; non possa esser senza corpo? conciosia, che la proprieta, e le passioni naschino o da le nature, o da l'essenze de le cose? et essendo cosi Iddio, ilquale ha le sù dette passioni, e le proprietà; è corpo, testimonio il uostro Giobbe Idumeo. egli dice, che Iddio è più alto, che il Cielo, piu profondo, che lo Inferno, piu lungo, che la terra, e piu largo, che il mare: et è pur uero, che il largo, l'alto, il lungo, et il profondo, son proprietà di corporee. et altroue esclama tu hai il braccio, come iddio. ecco Isaia disse, il Signore sta per giudicare. et piu oltre, io ho ueduto sedere Iddio in sùl trono eccelso. e Dauid fauellando in uece di lui; non grida, io ho trouato l'huomo secondo, che il mio cor desidera? et in altro luogo non afferma, che gli occhi del Signore sono sopra i giusti? e pa

G ii

lasciar da parte quelli, che uoi tenete Propheti, dimmi colui, che adorate per Iddio solo, unico, et uero non disse,
facciam l'huomo a similitudine, et imagine nostra? e se tali
detti sonarono per la lingua sua, perche tenerlo incorporeo?
Vdendo ciò dirsi Caterina, stette alquanto sopra di sè, solo pensando, che se coloro, che disputauano seco hauessero
creduto a le scritture uere, de la nostra legge santa, come essi
l'haueuano studiate, buon per l'anime loro. ma parendole
poi tempo di rispondere; disse io per certo non sò, che dirmi a
le obiettioni uostre, ma Christo, et il padre hoggi ui soggioga
per me; se bene la autorita de la mia credenza; e le ragioni de la uostra philosophia, mi sono in fauore; onde ui di
co, che i nostri sacri scrittori, non essendo possibile di far
capace lo intelletto nostro, de la maestà del Signore; l'hanno manifestato a gli huomini con humane dimostrationi, et
esso Iddio per esser noi corporei, s'è fatto da noi conoscere
sotto uelami di corporee simiglianze: e però Giobbe ne parlò in metaphora, et in parabola; dandoci ad intendere per
la profonditade sua, la incomprensibile imagine di lui, per
la lunghezza, il processo de la sua uirtude; penetrante il tutto; per la latitudine; quella perfettione, per uia de la quale
ogni cosa difende; e per l'altezza, la potestà sua in cielo, in
terra, e ne gli abissi. e sapiate, che l'huomo non è fatto a sua
similitudine inquanto al corpo; ma secondo a la ragione, et
a lo intelletto; per la qual cosa siamo differenti da gli altri
animali. il quale intelletto, e la qual ragione, è in tutto
priua del materiale, e del corporeo. e non è dubbio, che
le sante lettere attribuiscano le proprietadi, e le passioni a
Dio, solo per figurare le attioni, che escano da la sua infi-

SECONDO

la bontade; e non perche elleno gli conuenghino. Noi diciamo, che egli ha occhi, orecchie, e braccia, perche puo tutto quel, che noi mediante si fatte membra in altro modo potiamo; peroche Iddio ode, et opera con la uolonta sua, la quale è una cosa istessa col suo intelletto; con cui scerne il tutto. adunque non realmente, ma per una simiglianza gli attribuiamo le passioni, e le proprieta. ecco noi diciamo, che Iddio siede; per la immensa autoritade, ch'ei tiene lassuso; e quaggiuso. e figuriamolo in piede, per la onnipotente forza sua: la quale abatte ogni fortezza. in somma se uolete risoluerui: che Iddio non puo esser corpo, ne corporeo; guardate, che niun corpo è atto a mouere se prima non è mosso; ma Iddio mirabile è immobile, et egli stesso dice per bocca del Propheta, io sono Iddio, che non mi mouo. et ancho il suo Apostolo afferma non essere alcuna trasmutatione in lui, si che egli non è corporeo, ne corpo. Ma per conchiuderla con la Philosophia dico, che essendo Iddio una cosa nobilissima; non puo esser corpo, auuenga che il corpo non possa esser per uerun modo nobilissimo, e ciò ui prouo con dirui, che il corpo uiuo è piu degno di quello, che non è uiuo; però, che egli non uiue inquanto a se, che se ciò fusse tutti i corpi uiuariano; ma esso riceue la uita da una certa cosa; la quale non è corpo; ma assai piu degna di lui: onde la uiuacita, che lo regge ottiene la sua nobilta da quella, e perciò Iddio, che solo è nobilissimo da se, in se, e per se; non puote esser corpo. hor se uoi mi dite, che se non è corpo, che egli sia composto dal corpo, e da l'anima: rispondo non esser possibile, peroche se in lui fusse compositione, non saria la prima cau

LIBRO

sa essendo chiaro, che ogni cosa composta dipende da le parte componente; come ui disse dianzi.

Le ueraci, le celesti, e le sante cose, fauellate da la santa, da la celeste, e da la ueraèe Caterina, le uscir de la bocca sacra con quella grauità moderata, con cui cascano le foglie de i fiori da gli arbori, quando i frutti rappresi in essi, cominciano in guisa di smeraldi piccoli, a spuntar uiuamente su per le cime de i rami loro. ella fornito il suo parlare trasse un sospiro da le cauerne del petto, che risonò come risona un colpo nel uacuo d'una spelunca, e ciò fu segno del duolo, che haueua circa lo indugiare a piouere la diuina gratia sopra i cori di coloro, che per timor di Massentio, non dauano con piena uoce, le meritate lodi a la sapientia di dio; posta ne la modestia di lei. dipoi attendendo il parlar de le dottrine loro; ode dirsi da essi, lasciamo un poco o donzella lo argomento di Dio corporeo, o incorporeo; peroche da tal materia ci disuia lo Exodo de la legge nostra; il qual dice, di Israel il tuo Signore Iddio è uno. ma s'egli è uno, perche lo diuidete in tre persone, auenga, che ciascuna di loro sarebbe uno Iddio; e così lo esser le tre persone differenti, sarebbono differenti anchora i tre Iddij? Ascolta una altra ragione: o che le persone son tra lor differenti, o nò. se non son differenti: è necessario, che sia una sola persona, e non tre; se pur son differenti: in una di tali persone come nel padre sarà una differenza, la quale non sarà nel figliuolo: auento che mediante quella sarà differente; onde nel padre sarebbe qualche perfettione differente da quella del figliuolo. concio sia, che simil differentia importa perfettione: e per conseguente anche nel figliuolo sara una al-

SECONDO

tra differentia differente dal padre, per la qual cosa ne quel, ne questo sara Iddio. peroche se la maestade sua conchiude in se ogni perfettione si come tu hai detto, è impossibile, che sia uno, e trino.

Credettisi Massentio udendo gli inauditi discorsi de i Saui, che la Vergine cedesse a gli argomenti loro. intanto girando gli occhi intorno, con lo stringer labbro a labbro, faceua segno de la stupenda sapientia de i suoi: e tornando con lo sguardo a Caterina si dilettaua in aspettare, che ella partisse la porpora de l'un de i labbri, dal cremesi de l'altro, mostrando l'ordine di quei denti candidi, ne la cui tersa nettezza ripercotendo la sacra lingua; esprimeua detti angelici in suono celeste. Vdito la santa Vergine cioche le haueuano fauellato i grandi auuersari; rispose egli è certo, che nel chiederli la ragione de la unita de la ternitade; niuna piu difficil cosa si dimanda, niuna piu pericolosa si cerca, e niuna piu fruttuosa si troua. benche il premio de i buoni consiste in crederla; e beato colui, che senza uolerne intendere altro; si acqueta in ciò bontà de la istessa credenza. egli non è dubbio, che chi ne parla, o ascolta dee sequestrarsi in tutto da la carne, e fermandosi sopra lo spirito, ragionarne realmente, puramente, e feruidamente. e siate certi, che quel tanto ch'io ne dirò sara gratia di Dio. il quale opera in tutte le cose. ma chi desidera di risoluere il profondo misterio di sì alta quistione facci disputar la fede. hor per rispondere a quel, che parla la legge nostra del Signore Iddio dico, che il suo essere uno non esclude la ternità de le persone, ma la pluralita de la sustantia, che se bene Iddio è una sola essentia, e natura, sta seco an-

LIBRO

chora la ternità personale, la quale è una unità de la suſtan
tia, teſtimonio Iſaia quando diſſe hauere udito cantare a i
Cherubini ſanto ſanto ſanto: dinotando la diſtintion de
le perſone, et ſeguendo oltre in ſingulare, il Signor Iddio
Sabbaoth; dimoſtrauano la ſuſtantia de la unità; Ma Da=
uid anchora non ci manifeſtò queſto? non ſalmeggiò egli
benedica noi Iddio Iddio noſtro, benedicaci Iddio? onde
nel nominarlo tre uolte ci dichiara la eternità de le perſone;
poſcia per informarci de la unita ſuſtantia non ſoggiu=
gne temano lui tutte le genti? circa l'altro argomento dico=
ui, che le tre perſone ſon differenti inſieme; ma tali diffe=
rentie ſono pure relationi, e non aſſolute; cioè il Padre è
differente dal Figliuolo mediante la genitura, et il Figliuol
dal Padre mediante l'eſſer generato conciofia: che non
per altra ragione il Padre è diſtinto dal Figlio, et il Fi=
glio dal Padre, che per eſſer Padre il Padre et non
il Figlio, e per l'oppoſito Figlio il Figlio, e non il Padre,
et in cotal modo ſi riſolue la differentia, che è tra lor due,
e lo Spirito ſanto. ma quantunque tal Paternitade ſia
differente da la figliatione; per proua de la relation filiale
auuiene, che paragonate a la diuina eſſenza, e la figliatione,
e la Paternitade, con ogni altra coſa, che è in Dio; ſono
una ſempliciſſima eſſentia diuina. per il che non ſeguita,
che nel Padre ſia qualche perfettione, che non è nel Figlio;
peroche nel Padre come nel Figliuolo, e ne lo Spiritoſan=
to è compiutamente una integerrima natura di Dio. è ben
uero, che ella è nel Padre come nel primo produttore, e
generante: nel Figliuolo come produtto e generato, e ne
lo Spiritoſanto come ne la perſona ſpirata, e per ſi fatta

SECONDO

diuersità di rispetti è in Dio la diuersità de le persone, con unità de la diuina Natura.

Ripreso la mirabile Vergine alquanto di fiato si spurgò un poco, et ispurgatasi seguitò, io ui uoglio mostrare, che Iddio è trino, et uno in essempi naturali, in similitudini morali, et in comperationi spirituali. ecco noi consideriamo nel Sole tre cose cioè sustantia, raggio, e calore. il raggio nasce dal Sole, et il Figliuolo si genera dal Padre: uienne il calore e dal raggio, e dal Sole, et lo Spiritosanto è prodotto dal Padre e dal Figliuolo. Il Sole non procede da altro Sole; nel Padre è fatto, generato, ne creato da altro. ma si come la sustantia, il raggio, et il calore sono un solo Sole: così il Padre il Figlio e lo Spiritosanto sono un solo Iddio. oltra si fatto essempio ecci quello del fonte, che fa il rio, del quale nasce il lago, e pur sono una sustantia medesima. appresso di questo il corpo, il quale è perfetto per il numero di tre, conciosia, che egli realmente ha in sé la lunghezza, la larghezza, e la profondità afferma il poter esser tre persone in una istessa Deitade; ma non sapete uoi, che gli antichi per honorare la santità del ternario numero; s'inginocchiauano a Dio con triplicata adoratione: cioè la mattina a l'Oriente, il uespro a mezzo giorno, e la sera a l'Occidente, secondo i tre punti del lume, e de lo Emispero? conciosia, che l'Oriente, certo principio del lume, e di ciascuna operation naturale rappresenta il Padre, il quale è la prima persona, e principio senza principio, da cui procede il Figliuolo lume uero dal uero lume, e lo Spiritosanto motore, et uiuificatore de le menti. il mezzo giorno da cui deriua la pienezza del feruore, e de

LIBRO

la luce è lo Spiritosanto alquale si appropria l'amore, egli illumina i cori insegnando ogni ueritade : per la qual cosa uiesi adorare insieme col Padre. e l'Occidente significa la persona del Figliuolo, il quale secondo l'assunta humanitade uenne a l'Occidente, e resurgendo da morte incontinente ascese, e ritornossi in Cielo. ma per conchiudere il mio parlare con lo spirituale essempio, il Signor proprio prouò la ternitade sua, dando in una tauola a Moisè tre comandamenti apartinenti a lui. Il primo conuiene al Padre; e però dice non si adorino gli Iddij alieni. Il secondo al Figliuolo onde mostra, che non è lecito mentouare il nome di Dio in uano. E il terzo a lo Spiritosanto, per la qual cosa uole, che il Sabbato si santifichi. ma buon per coloro, che inchinano il Padre in ispirito, et in ueritade. conciosia, che a tal modo ne la confessione de la uera Deità sempiterna; adorano le proprietà ne le persone, la unità ne l'essentia; e ne la equalità la Mac?iade.

Mentre la eletta Vergine sciolse i nodi de gli argomenti a lei proposti il parlar, che ella fece le uscì de la bocca con i lampi, che fiammeggiarono intorno a quello Spiritosanto, di cui ella haueua ardentemente disputato. la qual cosa uedendo i sapienti cominciarono a piegar gli animi, come si piegano gli arbori combatuti da i uenti, onde al fin gli succoglie da le proprie radici. però, che le fantasie de le dottrine, le quali circa la idolatria gli ondeggiauano ne lo intelletto declinauano già inuerso le uerità di Caterina; le cui sacrate maniere sostenendo i costumi di lei su le piante de le uirtudi proprie; le scopriuan di fuora la imagine de la bontade intera. ma conciosia, che le Quercie ferme ne si luoghi loro; con tenacissimo piede, non si arendano cosi tosto a le furie de i fiati di Eolo; bisognò, che la sposa del sommo bene, porgesse le orecchie a le nuoue loro obiettioni, esse le dicano, tu ci hai detto, che Iddio è spirito, et inuisibile, et hor ci dici, che egli assunta la humanitade, venne a l'Occidente, e risuscitato ritornossi in Cielo: la qual cosa par, che non possa essere; peroche Christo fu huomo corporeo, et uisibile come noi. Adunque esso non è quello Iddio da cui (secondo il creder tuo) dependono i cieli, e gli elementi; però, che Iddio è principio di tutte le cose, e sopra tutto Creatore de la terra, e del Cielo: e Christo non pur non è sopra il tutto, ma col testimonio di Luca suddito a Maria, et a Giuseppe. oltra di ciò, a testa le legge vostra, che Iddio è immortale, et incorruttibile, e poi dite, che fu tradito, morto, e sepolto; onde sendo cosi egli non fu Dio; ma se fu Dio, perche non si oppose la sua somma possanza, contra quegli, che il crocifissono? Forse dirai, che egli è Dio e huomo; onde patì inquanto a la humanità, e non inquanto a la diuinitade. lasciamo andare lo infinito, che non ha proportione col finito; per la qual ragione lo infinito Iddio non può essere il finito huomo; non dice Paolo parlando del Padre, che egli solo ha la immortalità, et habita luce inaccessibile? adunque Christo sepolto, morto, e tradito non è immortale: e non essendo, non è Iddio. ma poniamo, che sia Iddio; perche sendo in lui la somma potestà, non ricomperò egli l'humano genere per mezzi piu facili, che non fu la croce?

Il fidarsi di se stesso rispose Caterina è opera de la perfidia di se medesimo; però che Christo glorioso moue in noi ogni minima scintilla di sentimento, e non che le cose ardue, ma le deboli non sono apprese da la capacita nostra; senza la gratia de lui; onde esso Christo ui dice per la mia lingua, come egli eternalmente generato dal Padre, premosso da la pieta de le sue misericordie; uenne in terra per salute del mondo; la cui prole per colpa di Adamo (da l'ossa del quale trahe l'origine ognuno) era sbandita dal Cielo, il qual bando non poteua ricompararsi, se il fallo del nostro comune parente non si sodisfaceua. ma perche lo error suo fu contra Dio, che è infinito, fu necessario per leuare la macchia fatta dal suo peccato; sopra l'anime de la natura humana, rinchiusa in esso Adamo, che quaggiu uenisse una persona infinita; e per essere solo Iddio infinito; egli stesso mercè de le proprie sue compassioni; uolse per uniuersal beneficio pagare il debito altrui; onde uestitosi de la nostra carne, sodisfece tanto delitto col prezzo del suo larghissimo sangue. ma nel uestir egli il mortale nostro, cominciò a essere huomo e non essere Iddio. perche egli è Iddio ab eterno, come ancho se qui Cesare facesse Caualiere un di uoi, quel tale cominciaria a esser Caualiere, e non a esser huomo. ma non dice l'Apostolo, che essendo egli in forma di Dio prese la forma del seruo: senza presumere di usurparsi la deita per cotal mezzo? risoluo adunque, che Iddio in una sola persona, ha due nature, cioè la diuina, e l'humana: inquanto a l'una egli è spirito immortale, et inuisibile, et habita luce inaccessibile come è scritto. inquanto a l'altra non pur fu mortale, et uisibile; ma suddito a Giuseppe, et a Maria secondo il sacro euangelo. Hor perche non mi si scorda il uostro hauermi detto, che tra il finito, e lo infinito non è alcuna

SECONDO

proportione circa a la grandezza, et a la misura; dicoui, che se ben si guarda, uedrassi ne la prefata humanita, e diuinita, la proportione, ch'è tra la causa, e lo effetto, e tra il continente, e chi contiene; conciosia, che la diuinita è causa contenente l'effetto de l'humanitade, e ritrouasi proportione, non di grandezza in quantitade; ma di causa al suo effetto, in cui è sempre proportione; però, che il supposito diuino contiene la humanita. hor per rispondere a l'ultimo quesito uostro; dico, che fu di necessita la incarnatione del Figliuol di Dio patendo per noi, come patì; conciosia, che in Dio è esso Iddio, et essa sustantia di Dio; però, che in Dio non è qualita, ne accidente alcuno, e la misericordia, e la giustitia, che si ritroua in lui non è senza il suo essere; e si come egli non puo abbandonar se stesso, cosi non puo essere senza la sua giustitia, e senza la sua misericordia; e però se la bonta di lui hauesse redento l'huomo, come di absoluto poteua fare; doue sarebbe stata la sua somma giustitia? e se ancho per il peccato lo dannaua di dannatione eterna, doue era la sua immensa misericordia?

Tosto, che la prudente Vergine soaue nel parlare, benigna nel core, et humile ne l'opere; hebbe fornito di risoluere le preposte altrui; risguardò i sapienti nel uolto, et iscorgendoci uno di quegli sbigotimenti, che soprapigliano gli animi di coloro, che mentre passano il fiume; il qual credetter basso, il trouano fuor di modo profondo; si reco nel gesto in cui si reca colui, che insegna il uado a quelle persone inesperte, che mouano il passo per uarcare il pelago, il quale asconde i suoi quieti pericoli; formò ne la infocata lin=

gua; per la infocata legge, infocate parole, e formatele
gridò, o eccellenti armarij de le dottrine graui; uoi uoi uole
te usare la sapientia infusaui dal cielo, in pregiudicio de la
religion di Dio? riuolgetegli hormai il nobile spirito del uo
stro eximio intelletto, e confessatelo uiuo, uero, solo,
onnipotente, immortale, inuisibile, indeterminabile, eterno, inaccessibile, imperscrutabile, incommutabile, immen
so et infinito. confessate le tre persone in una essentia al tutto semplice e sola, et una indiuisa natura nel modo, che
ui ho detto di sopra. credete a Christo unigenito figliuol di
Dio, e Creatore, e Saluatore, e Redentore nostro, e di
tutto il mondo. credetelo incarnato per la comune salute,
e per operatione de lo Spirito santo; conceuo di Maria sem
pre uergine. offeriteuegli egregi huomini; però, che egli
è luce uera, lampa inestinguibile, fuoco del Signore, e
maestro de la uerita. inchinateuegli padri uenerabili; conciosia, che senza lui è impossibile a piacere a Dio; però,
ch'egli è Dio di Dio, e luce de luce procedente dal Padre
de le luci ineffabilemente. onde se lo confessarete, se lo
glorificarete, e se lo adorarete come unico Sole, unico pane, unica uita, unico bene, unico principio, et unico fine,
participarete de la sua bonta senza pare, de la sua uerita
senza simile, de la sua misericordia senza essempio, de la
sua lode senza comperatione, de la sua gratia senza equale, e de la sua gloria senza paragone. e però benediciamo
lo tutti se uogliamo, che egli ci benedica eternamente, e
clementemente.

Non altrimenti le fiamme del zelo, che sfauillaua da la bocca,
da la lingua, da le parole, da la uoce, da la mente, dal

SECONDO

pensiero, da la uolontà, dal core, e da l'anima di Caterina, si auentarono a l'anime, a i cori, a le uolontadi, al pensiero, a le menti, a le uoci, a le parole, a le lingue, et a le bocche de i sapienti, che si auenti doppo molto soffiare l'ardor del fuoco sopra i non ben sechi legni. eglino spirati da la gratia di Dio, e dal dono de la uera fede, sentirsi in un subito tutti auampare da le bragie del diuino incendio. e perche tal fuoco abruscia i peccati, purga i cori, scalda le tepidezze, et illumina le ignoranze, non poteuano sofferire la grandezza de i suoi effetti; onde esclamarono, o Iddio cagion de le cagioni; habbia misericordia di noi. nel cosi esclamare i saui eletti, l'Angelo, che guardaua Caterina, si dimostrò loro nel suo splendor solito, e ne la sua stupenda forma, dipoi puntando in suso, leuossi a uolo et ascese in Cielo, come nuntio de la uittoria de la Vergine sposa del Signore. la qual cosa uedendo i nuoui serui di Christo; esultarono ne la lor nouella credenza, e gittatosi inginocchioni; aconci i uolti, et i cori inuer le stelle confessarono, glorificarono, et adorarono Giesu; con quel di uoto affetto con cui si dee adorare, glorificare, e confessare Iddio. e ciò fatto inchinaron a Caterina: che ben sapeuano, che chi riuerisce i Santi, honora colui, che gli santifica. intanto Massentio, che udito il grido con cui esclamarono i uecchi giusti, andò fuor di se stesso; si staua uscito del sentimento a guisa d'un pastore attonito, apresso del quale è caduto il folgore. ma ne l'uscir d'angoscia parendogli sognare ciò, ch'ei uedeua, uaneggiaua desto, come si uaneggia dormendo. e mentre andaua ricogliendo se medesimo; ecco, che il cielo sparge sopra de i chiari amici del Saluatore; cin

LIBRO

quanta palme splendide et altretante corone lucenti, le quali gioie uedute Caterina disse loro.

Se uoi a me in eta padri, et in Christo fratelli; ui rallegrarete secondo, che per l'acquisto fatto, deuete rallegrarui, la uostra letitia sara immensa. conciosia, che la conuersion di uoi, causa ne l'anime uostre il godimento del gaudio eterno: e ciò testimoniano queste corone alme, e queste palme diuine. et non è dubbio, che nel perdere la disputa, hauete auanzato il paradiso. adunque adornatiui, e rabellitiui di si fatte gemme, e di cotali ricchezze. preparatiui (bisognando) a riempiere con la uerace humiltade, parte di quei seggi resplendenti, che lasciò uoti la ingrata superbia de i seguaci di Lucifero hauria detto ella; se l'ira la qual rissuscitò in Cesare tosto, ch'ei si ribebbe; non le rompeua in bocca, le note del predetto nome, con la rabbia del suo uociferare. Colui, che ha uisto un torrente asciutto da la state, e dal secco del temporale; alhora, che le pioggie continue; oltre il far che le uene del fonte proprio; gli rendino il tributo usato, lo gonfiano largamente con le loro acque; uede lo Imperadore formare detti terribili, in suon tremendo. egli serrando gli occhi de la mente, e del uiso rimescolaua le parole, e la lingua con quel mormorio, che fanno i sassi riuoltati sotosopra; da la uehementia de l'onde correnti. ma subito, che egli puote esprimere la fauella gridò in suono ferocissimo, parui egli huomini profani, che si conuenga a le dottrine, che hauete, et al carico de gli anni, che ui premano; il rifiutar gli Iddij del cielo; in presenza de lo Imperador del mondo? adunque quegli, che denno essaltare la loro coltura, e la nostra maestade, uituperano quella,

SECONDO

perano quella; e dileggiano questa? è possibile, che l'arti d'una giouane cōuincano gli accorgimenti di cotanti uecchi? doue sono i uostri uanti? doue il uostro sapere? e doue i uostri intelletti? Veramente la uecchiezza porta con seco temerita, e pazzia, uitij schifati fin da la giouentu: ella porta ancho amore, e lasciuia e però non la uirtu, non la scienza, non la religione; ma la beltade, la uaghezza, e la uirginita di Caterina, ui ha nel real campo combattendo con lei, fatti di lei prigioni; non ui uergognando, che una fanciulla semplice triomphi de la legge, de le lettere, e de la fama nostra. ma se uoi hor hora non tornate a la diuotione de i paterni Dei, et a la riuerentia de la potestà di noi, ui giuriamo per tutti gli immortali autori de le somme, felici, e prospere nostre fortune, di farui abbrusciar così uiui come uoi sete, in mezzo a questa popolosa cittade.

I tuoi giuramenti Cesare, risposero i graui, e saputi huomini: ci assicurano piu, che non ci spauentono; però, che le passioni del martirio di che tu ci minacci è desiderato da noi, come tu desideri, che la gran figlia del Re Costo per credere a i tuoi Idoli, discreda il Creator uero del Cielo, e de la terra. e sappi, che noi i quali per iscorno de la Christiana legge hauiamo lette, e rilette le ueraci scritture di Dio; ce le uediamo hor ardere ne la mente, nel core, e ne l'anima quasi lampe accese dal lume del fuoco eterno. onde le tenebre de i nostri intelletti si rischiarono di modo, che i loro spiriti ueggono i secreti, che gli diedero in guardia le profetiche, le Sibiliche, e le apostoliche uoci. e d'un tanto beneficio rendiamo gratia a Christo, la cui prouidentia mosse la tua maestade a chiamarci,

H

e poi a Caterina; però, che non la verginità, non la lascìuia, non la beltà, che tu dici, ma la bontà sua, la mercè sua, e la sapienza sua ci ha fatti di ciechi alluminati, di stolti saggi, di tiepidi ardenti, di crudeli pietosi, d'ignoranti dotti, d'iniqui giusti, di fere huomini, di morti uiui, e di dannati salui. per la qual cosa noi stimiamo tanto il supplitio del fuoco in cui destini tormentarci, quanto l'apprezzano le salamandre. conciosia, che ardiamo dentro d'altro incendio, che tu non pensi di farne abbrusciar di fuora. cosi dicendo i serui di Giesu, et i prigionieri di Caterina: ella che non perdeua iota di tali parole tacendo essi, rispose loro non la mia bontà, non la mia mercè, non la mia sapienza ui fa conoscere il Redentore, ma la gratia di lui, la clementia di lui, e la pieta di lui: e da, che senza il cenno del suo uolere, non si moue fronda di ramo, ne filo d'herba è da credere, che egli solo causi la saluatione de le uostre anime. non procede piu oltre la Vergine però, che

M assentio auampato da la peruersita de la colera fatto di fuoco nel uiso, con gli occhi quasi fuor de la fronte, con le labbra liuide, e con l'animo foribondo, gittato in terra le corone e lo scetro, ne lo squarciarsi d'intorno la ueste, fece romoreggiarla con il proprio strepito, che fa un tronco diradicato in un tratto da un groppo di uento subito. egli tuttauia fulminando comandò uelenosamente, che la mattina de l'altro giorno fussero arsi tutti quegli, che per i detti di Caterina haueuano lasciati gli Idoli. cosi parlando senza far piu motto si rinchiuse in secreto per dar luogo a la stizza i cui stimoli se lo diuorauono come l'esca è diuorata dal suo

SECONDO

ro. ſuà altezza ſi riſerrò ſeco ſteſſo con iſcompiglio di tutte quelle brigate, che erano concorſe a la diſputa, anzi con terrore de la maggior parte d'Aleſſandria; il popolo de la quale ne lo andarſi apoco apoco conuertendo a Chriſto, induceua col fine, che gli ſopraſtaua gran paura in coloro, che ſtauano in tra due non confeſſando, e non negando la lor legge, ne la noſtra. tal che la cittade potea ſimigliarſi a una terra ſtata aſſai tempo ſana, nel cui cerchio la infettion de l'aria comincia a piouere il toſco de la peſte; per la qual coſa le turbe de la moltitudine poſte in dubbio dal pericolo del male; non ſanno ſtar ſole, ne ſi fidano de la conuerſatione. Ma ecco i ſapienti ſpiriti riſerrati in una prigione non men dura, che ſtrana, e perche Ceſare non impoſe altro di Caterina, anche ella da la Imperial militia fu rinchiuſa con loro; la qual uentura piacque tanto a lo ſtuolo de i ſaggi martiri, che ne ringratiarono il dator uero di tutte le diuine, e di tutte le terrene gratie: e raccomandate le loro anime a Chriſto, ſi rallegrauano del futuro morire, come del futuro ſcampo ſi rallegrano quegli, che bramano di uiuere. ma per non conſumare in otio l'ultima notte de i giorni loro orarono un pezzo, e doppo l'oratione ſi poſero a ragionar con Caterina del parto uirginale, de la reſurreſſion de i morti, del ſommo bene, e de la prouidentia diuina.

Entrando la ſuperna Vergine ne l'alta profondita de i predetti miſteri: diſſe padri otimi le incredule preſuntioni, nel tentare il come Maria uergine nel parto, inanzi al parto, e doppo il parto concepeſſe del diuino uerbo; danno piu grado di poſſanza a la natura che a Dio: perche non ſi marauigli no, che l'acqua d'un fonte faccia diuentar pietra un legno, e stupisconsi, che Iddio mirabile uolesse nascer mirabilmente, e pur ueggono, che il Sole entra, et esce fuor del uetro senza spezzarlo. l'humore de la matutina rugiada bagna altrui con stille inuisibili, et il panno il qual ricopre la bocca d'un pozzo si riempie de le sue acque, e non le tocca punto. et ancho il pane, che noi mangiamo, et il uino, che noi beiamo ci si fa carne, e diuentaci sangue. ma se Iddio miracoloso dona cotanta uirtu a lo stomaco chi è quello, che non si uergogni di ammirare de la possanza data da lui medesimo a la possente parola sua? Niuna cosa è difficile al Creatore; la onnipotentia di lui fece il tutto di niente, e hauendo fatto ogni cosa di non nulla non si dubiti, ch'ei non renda l'essere a coloro, che gia hebbero la humana essenza. chi confessa il suo crear il genere de gli huomini col cenno solo; come ueramente il creò, puote ben credere, ch'egli lo possa rifare di qualche cosa; che qualche cosa è sempre, chi qualche cosa è stato. certo ne la uacation de la morte, quel che riman del corpo di noi, si cela in parte solo penetrata da l'occhio del Signore, e forse la memoria, che altri lascia di sè guarda quel non so che ch'io uoglio inferire. ma se morono i secoli, se mancano i lustri, se uengon men gli anni, se spariscono i mesi, se si consumano i giorni, e se si soluonsi le notti, e dipoi risuscitano, rifansi, riuengano, rinouano, raccendosi, e rioscuransi e le notti, et i giorni, et i mesi, e glianni, et i lustri, et i secoli con tutte le cose, lequali se ben mancano di se stesse, si riformano et per uirtu di Dio si conseruano; perche l'huomo fatto a la sembianza di lui non dee risuscitare nel di tremendo? egli ri-

SECONDO

suscitara; conciosia, che la resurettion di Christo; la quale fu potentemente, felicemente, mirabilmente, ueramente, et immortalmente è causa esemplare de la nostra. e sicome i fedeli l'han conosciuta, cosi noi siamo certi d'imitarla.

Il facile, il religioso, il chiaro, il gratioso, il nobile, il feruido, il fedele, il uerace, il soaue, il buono, il salutifero, il sacro, et il santo dire di Caterina uergine, santa, sacra, salutifera, buona, soaue, uerace, fedele, feruida, nobile, gratiosa, chiara, religiosa, e facile haueua in modo sequestrati gli spiriti da i corpi de i sapienti, che le loro anime prouauano in carcere una di quelle incomprensibili gioie, che tosto deuean prouare in paradiso. in tanto ella uenne a la diffinitione del ben sommo, ella disse a la capacita loro; il sommo bene non è cosi detto perche egli superi tutti i beni quasi, che da se medesmi fussero altri beni atti a esser superati da quello, come l'ariento è superato da l'oro essendo però l'uno, e l'altro pretiosa materia. ma e in tal modo chiamato però, che solo, e naturalmente è buono; e qualunche cosa si puo intender buona; quella è il sommo bene. il che dimostrò Christo quando disse perche mi apelli tu buono? soggiugnendo solo Iddio è buono. la qual rispostaci rende certi esser buono solo Iddio di maniera, ch'è buono assolutamente, e perfettamente; percioche ne la natura del bene non puo esser uerna cosa, che non sia esso Iddio; e finalmente tutte le cose, che si dicano esser buone. onde si legge ogni cosa, che fece Iddio era molto buona, et ogni creatura di Dio è buona. Queste tali cose son buone non per natura loro; ma perc che principano di quel bene: o uero per hauerlo hauuto da lui in prestanza, peroche intanto fon buone, inquanto deriuano da quel bene, stanno in quel bene, e fon fatte a gloria di quel bene. apresso è di necessita, che ciò che è buono per sua natura, sia ancho buono sommamente; e quel, che è sommamente buono è esso bene sommo. il quale medesimamente bisogna, che sia uero; perciò, che egli è forza, che quello, che è solo, sia buono anchora e quel, ch'è buono, non puo esser se non uero. ma perche il uero è puro, lucido, sincero, semplice, intero, et immutabile; quello adunque è immutabile, intero, semplice, sincero, lucido, e puro; onde il tutto sa, et il tutto intende: perciò che se alcuna cosa ignorasse, per questa tal cosa non sarebbe perspicace ne chiaro, ne intero, ne puro con l'altre cose, le quali naturalmente sono ne la condition del uero. oltra ciò quel ch'è sommo, e uero bisogna, che possa tutte le cose; pero che quello, che appartiene al sommo facilmente appare non esser sommo; se per sua forza, e potenza non è primo, e sommo. egli è certo, che il sommo bene è naturalmente non men uero, che buono et il sommo bene per si fatta cagione è bene sommo. perche tutto quello, che è di natura del bene, è questa diuinita de la qual parliamo. e questa è similmente diuinitade somma, cioè se la uirtu, e la potenza è bene gia la detta diuinita si conosce esser somma ueritade. cosi si puo dire de l'altre parti di modo, che il sommo bene è somma et infinita potenza, et infinita, e somma uerita, sincerita, purita, simplicita, integrita, clarita, e stabilita. talmente che in nessun luogo non è potere, o forza, ne in ueruna parte, alcuna de le dette qualitadi, che ella non

SECONDO

uenga da questo fonte del uero: anzi, che non sia essa ueri=
rita, da le qual cose si raccoglie, che la somma diuinità è
sommo bene, e che la uerità è nel bene, e che il sommo
bene è uero, del tutto essa ueritade: onde è ancho potenza
somma. Hor congiungniamo con fedele intendimento que=
ste tre cose insieme in prima sommo bene, ciò è somma for=
tezza, e potere. dipoi sommo bene, ciò è tutta la ragione,
e somma del bene, e finalmente essa natural uerità immutabi
le, semplice, intera, lucida, sincera, e pura, et uedremo
la prouidētia esser necessaria, e hauer cura, e disporre il tutto.
Ma perche ne lo uniuerso molti rei hanno bene, e molti buo
ni male è da dire o, che Iddio lo sappia o nò: se si dice,
che non lo sappia gli leuiamo la somma sapienza, e intelligen
tia; ilche leuato non sarebbe uerità somma. Se confessiamo
ch'egli lo sappia bisogna dire, che non uoglia, o non
possa prouedere; ch'ei non possa prouedere non potiam di=
re, perche non saria somma potenza; ne meno è da pensare,
che non uoglia; però, che sarebbe necessario il credere, che
esso non fusse somma bontade. Ma conciosia, che Iddio è
somma bontà, somma potenza, e somma uerità; dicoui, che ta
li attioni sono in tutto, per tutto, e nel tutto guardate dal ma
gno Iddio, et il non premiare, et il non punire tra noi gli au=
tori del merito: o del demerito loro, è un dono largitoci da
lui sopra ogni dono: concio sia, che la sua clementia, e la sua
gustitia con lo spettar di rendergli ne l'altro mondo guider=
doni, e pene secondo l'opere otime, o pessime; testimonia, la
certissima immortalità de l'anima. ecco Massentio percussore
de i fedeli di Giesu, è degno di suplitio eterno, et uoi martiri
di Christo di premij perpetui. ma Iddio uiuendo non punisce

LIBRO

lui, ne premia uoi però, che a la uostra bontà non basta la rimuneratione de i doni temporali, ne a la sua nequitia il gastigo de la pena mondana; onde è proprio di consiglio, è di uirtu diuina il riserbare a l'anima di lui, et a l'anime di noi beneficij sempiterni, e punitioni immortali.

Se io simigliassi gli intelletti de i sapienti, i quali ascoltauano Caterina a quei terreni morbidi, che in un tratto appigliano i semi, che ci si spargono; non errarei però, che essi illuminati dal torchio de la fede, aricchiti da la dote de la natura, et aiutati da la frequenza de lo studio, haueuano talmente lo ingegno illustre, che non solo erano capaci di quanto la Vergine con facilità gli esponeua; ma haurebbon compreso qualunche cosa con difficulta gli fusse da lei suta accennata eglino senza la cura, che Iddio tiene di tutte le cose, il conosceuano in lor medesimi; conciosia, che perciò furon chiamati da le lor case a Cesare, da Cesare a la disputa, da la disputa a la gratia, da la gratia a la fede, da la fede al martirio, dal martirio a la salute, da la salute a la gloria, e da la gloria al cielo. per la qual cosa con perfetto gaudio di mente, di core, e di anima ritornarono a la oratione; ne le cui feruentie fur sopragiunti da l'alba. ma perche apunto nel rischiararsi del suo lume Massentio sognò che tutte le fiamme di quel fuoco, che deueua abbrusciare i sapienti; auentatosi a lo spirito di lui, lo consumauano con un duolo immortale; suegliatosi tutto tremante; gridò con uoce funestamente terribile, conuertasi la uanità del nostro sogno in una uisione, che ad occhi aperti uegga diuentar cenere gli stolti rinegatori de i nostri Idoli, acciò che prouino chi piu puote o lo sdegno di noi, o la speranza, che essi tengono in uno Iddio solo. hauendo egli così detto; parte di coloro, che l'ubbidiuano corse a ordinare in mezzo a la cita il supplitio, che doueua occidere gli amici di colui, che amando noi, fece di se stesso sacerdote, altare, hostia, sacrificio, e tempio; e parte si scaglio a la prigione doue essi stauano orando, quasi schiera di quei lupi, che fanno impeto nel gregge pascente; onde presi ne le ceruici agnelli, o pecore, prima le sbattano in terra con la rabbia del furore, e poi gli lacerano con le fameliche bocche. Giūti nel carcere i predetti serui di Massentio urtarono ne lo stuolo de i martiri ristretti insieme non come capre timide, ma come persone uirili: non altrimenti, che si urtino gli orsi doppo l'esser punti da gli aghi di quelle, e di queste api, in queste, et in quelle frasche. Alcuno de gli huomini pagani cacciato l'una mano ne la barba uenerabile, e l'altra ne la chioma dotta di costui, e di colui; lo spingeua fuora de la prigione con ogni ingiuria di parole. et altri pigliato il collaro de la ueste di questo, e di quello oltra lo squarciargliene ad ogni scossa; se lo auiaua inanzi pur troppo crudelmente. ma perche l'alterezza, e la superbia de l'ambition litterale si era conuersa ne la humilta, e ne la mansuetudine de la bontade humana; i uecchioni ottimi strasginati oltre, e spinti auanti pareuano santi condotti al tormento senza ira, e senza odio ueruno. le corde, che gli stringeuano con duri nodi le mani libere, e le braccia nobili, pendendo giuso faceuano di loro empio strano, e lagrimoso spettacolo, et eglino moueuansi in uerso la passione, che gli era preparata, come anime uscite de i corpi a i buoni con isperanza del paradiso: le quali nel rompere il muro de la carne per uia del tempo, o de lo acciden te; sembrano schiere di peregrini tratti del carcere per opra de la istessa innocentia.

Caterina(la cui anima si potea dire aurea et adamantina; però che ella era piu pretiosa che l'oro, e piu forte, che il diamante, onde superò con il merito il pregio di quello, e con la fermezza la materia di questo) seguitando i sapienti, che per gratia di Dio porgeuano le orecchie a lei, che diceua loro da che fino a qui hauete amato uoi stessi per natura; amate hora Iddio per fede, perseuerando fino a l'ultimo punto; però, che l'amore non risulta in prò di lui; ma di chi l'ama, per la qual cosa son beati coloro, che sapendo amar se medesimi, e per sé proprij il Signore; non amano se non Iddio. state constanti, che io ui assicuro, che la passion de la carne; è salute de lo spirito, si che rallegratiui de la uicina beatitudine; però, che è meglio il compiacere de la sua uita Iddio, e gli Angeli, che le infermitadi e gli anni. stabilitiui ne la fede, che ui sostiene cociosia, che ella non è uehementia di oppenione, ne uerace constanza di accordo secondo la morale, e la ciuile diffinitione; ma sustantia de le cose degne di essere sperate, et argomento de le future, che non appaiono; assentendo a la uerita occulta, onde per lei non pur ci saluiamo, ma faciamoci figliuoli de l'altissimo; e quegli, che ne hanno quanto un grano di senape ponno dare gli alberi al mare Oceano, et i pesci al monte Atlante. cosi dicendo la diuina Vergine ode chiedersi il battesimo da gli essortati da lei; onde rispose loro il sacramento che la sincera, e fedele intention uostra dimanda, sara il sangue, che uoi spendete per Christo; egli ue lo reputa non pur battesimo; ma palme, e corone, simili a le

corone, et a le palme, che per oltraggiare Iddio, che ue
le sparse sopra ui guastò Massentio.

Vedendo uno huomo insano, et horridò essultare i martiri
ne i conforti di Caterina, prouocato del dispetto, che inci‑
tò in lui la propria sua natural bestialita; le suilippò la mas‑
sa de le treccie bionde lucentissimamente; dal uelo puro, che
fino alhora l'hauea tenute ascose, e presale per quelle, gnie
le hauerebbe fornite di suegliere se il comandamento Ce‑
sareo non gli impediua l'opra uile, e scelerata. lo Impera‑
dore, che la fece toglier di doue ella era, e ristringere in
prigione; riparò al furore del crudel huem ch'io dico; onde
parue la sua assenza a i martiri piu strana, e piu aspra,
che non pare il dileguarsi d'una aura serena, discacciata da
lo aere da qualche estiua nuuola; portante a gli huomini ua
pore d'insupportabile caldo. intanto le lor faccie rugose, le
lor chiome inculte, le loro orecchie attente, et i lor occhi
desti patirono, udirono, et uiddero tutto quel uilipendio,
che gli sputi, l'unghie, le mani, le lingue, e gli atti de gli stra
tij fattigli da gli infideli gli poter fare, et udire, et uedere, e
patire. ma essi che scherniuano con la intrepida fede, e con
il constante animo gli scorni, che gli spregiauano; col uolto
fermo al cielo supplicauano Giesu, che tosto rendesse a i loro
spiriti la dolcezza de la eterna, et uera patria. onde nel cosi
dire furono cinti da uno incendio di smisurata uehementia,
non senza gran romore del popolo, che gli ondeggiaua d'in‑
torno; e tanto piu si alzauano i gridi uolgari, quanto me‑
no il uulgo uedeua offendergli da le fiamme lieui, e cocen‑
ti: le cui forze gli fecero esalare le anime sante, senza pur
maculargli un minimo pelo. le barbe, i capegli, e le uesti‑

menta loro; tali erano, quali furono prima, che il gran fuoco si aggirasse co i suoi ardori intorno a le uestimenta, a le barbe, et a i capegli de i gloriosi huomini di Dio: la ferma, la stupenda, e la mirabile passion de i quali ridusse a la pia christiana religione molte genti ragioneuoli, e giuste.

Era si infestato il cor di Massentio da gli infelici successi de i suoi Idoli, e si alterato da i miracoli, che tuttauia usciuano da la potenza di Christo, che non gli lasciaua carpir sonno con gli occhi, ne prender cibo con bocca; onde per l'ira, ch'ei ne haueua sentiua conturbarsi l'animo da una oscurità di cogitationi simile a quella, che si scorge ne l'aria quando il cielo si apparecchia di coprire i campi d'una immensa quantità o di gocciole di pioggia, o di acini di tempesta, o di falde di neue. e come i rabbiosi groppi de i uenti concitanti i folgori combattono insieme; cosi i sospiri, che egli traheua dal profondo del petto s'interrompeuano l'un l'altro; tal che il cor suo oppresso da nuoua maninconia gli palpitaua in seno con insolito mouimento; onde la istessa anima se gli ristringeua dentro a le uiscere tutta tremante. onde in si fatta angustia si corrodeua, e confondeua a guisa d'un mare assalito dal fiato di due uenti repentini; il quale mentre di qua Borea, e di là Zephiro incontrandosi, non potendo in parte alcuna riuolgere il corso se inalza, et i flutti ambigui con molta alga gittata dal fondo in alto si confonde, e corrode. ueramente Massentio oltra ogni altra cosa sospiraua l'udire di punto in punto, d'hora in hora, e di di in di crescere la religion christiana; e di di in di, d'hora in hora, e di punto in punto mancare il culto de la credenza idolatria; e se ben puniua qualunche si fusse con tirannica rigidità, moltiplicauano sexe per uno, come le teste de l'Idra tagliate dal ferro; onde egli che si sforzaua di porui fine con lo essempio de i tormenti, che faceua prouare a quello, et a questo, ne languiua seco stesso; come langue il popolo d'una uilla mentre il corso del fiume cresciuto da l'acque de le pioggie terribili, comincia a rompere insieme con ogni suo riparo le riue, e gli argini, onde poi ne segue il guasto de le biade liete, e de le culture grasse.

Ne lo starsi la Maestà del Romano Principe tutto afflitto da la molestia predetta, fu riportato a Caterina da la uerace uisione, come i sapienti martiri da Dio inspirati, e da lei conuertiti; oltre lo esser corsi a l'altra uita senza lesion nessuna, erano ancho stati sepolti con riuerenza sacra: la qual cosa intendendo ella, ne uersò piu lagrime per la letitia, che non uersa stille d'acqua l'humore nascente d'una pietra recondita; ilquale scorre giuso da lo eccelso de la sua rupe. la Vergine riuolta la mente a colui ch'è a noi speranza salutare, et allegrezza sempiterna; disse o Iddio, tu ueramente sei la unità de la diuinitade, e multiplice per il numero de le persone; ma numerabilmente innumerabile, e misuratamente ismesurato, onde i mortali non possono ritrouare, ne meno arriuare a conoscere la principale origine de la bontade tua, la quale sei tu stesso, da la quale procede ogni cosa, per la quale ogni cosa conseruasi, e ne la quale ogni cosa ritorna. certo la tua diuina essentia è; se ben non hebbe mai, ne mai haura materia, per non mancare ella di forma non mai formata; forma de le forme; la cui sembianza come sugello in tutte le cose da te esce, e da te procede, e senza crescere, o scemare alcuna parte di te; in te riuiene. per la qual cosa, o ternità una, et una trinità di Dio; il quale per esser il tutto, il tutto riempie, il tutto regge, il tutto allumina, et il tutto sostiene; pregoti, che mi presti tanto di gratia, che a la mia lingua sia permesso il poterti laudare. ma come potrò io ottener ciò essendo impossibile, che altri ti laudi? che altri ti laudi è impossibile Signore; peroche si come tu mi hai fatto senza me, e nel modo, che ti sei in te compiaciuto, cosi la tua laude ne la maniera, che essa in te si compiace, è in te senza me. ma da, che la tua laude sei tu medesimo; lodinti le opere tue secondo la moltitudine de la grandezza loro. la tua lode o Iddio non si può comprendere con il core, ne misurar con la bocca, ne capir con le orecchie; peroche i lor sensi passano qual Sole, et ombra, et essa si resta ne la sua propria eternità. il pensiero doppo il suo principio fornisce, la uoce suona, e passa, e l'orecchia ode, e manca, ma la tua lode Signore, la lode tua Iddio resta sempre. Adunque ti dee laudar colui, che si confonde pur a pensar di laudarti? colui, che si stupisce nel sentir proferire il tuo lodato nome? colui, che confessa la tua lode esser inesplicabile? la tua lode Re del cielo è infinita, et apena intesa da gli Angeli, e da gli Arcangeli. egli è certo, che quante uolte cerco di lodar te, tante uolte non lodo te; peroche la lode di te è in te: si che habbi io hormai te, e laudarò te. ma poi, che io non posseggo interamente si fatto dono, lauditi tuttauia la inestimabile potenza tua, lauditi ogni hora la circunscritta sapientia tua, lauditi continuo la ineffabile bontade tua, lauditi ogni momento la sopra eminente fortezza tua, e lauditi in eterno la sempiterna uirtu, la onnipotente fortezza, e la immensa tua caritade, per i cui zeli ci creasti, e ci saluasti.

Poi, che Massentio hebbe discorso seco stesso i casi de la Vergine; parue a lui di mandar per lei, ritenendo il suo animo con le parole de la benignità; le cui dolcezze sogliono esser gratissime à le orecchie del sangue egregio. Fecela Cesare condurre dinanzi al suo tribunal degno. e nel uederla si lasciò uscir dal petto un di quei sospiri greui, che forma il cor dubbioso. egli doppo il sospiro la guardò con l'occhio d'una meza pietà; mostrando d'hauer piu tosto dolore de la sua etade, che disdegno de la sua pertinacia; onde le disse, saria pur meglio nobil giouane godere il priuilegio de la nostra clemenza, che languir per quello de la nostra giustitia. Veramente la gratia, che noi ti offeriamo ti deurebbe esser piu cara, che discara la disgratia, che tuo mal grado trahe da noi cotesta tua superstitiosa ostinatione, che beata tu s'ella fusse piu sauia, o men dura. deh rende te a te medesima acciò, che tu possa considerare quanto sia buono, et utile l'ombra de la corona de lo Imperio, ne la potesta de la quale è posta l'altrui salute, e l'altrui dannatione. ma s'egli auuiene, che tu deliberi di renderti a te stessa, il fauore de gli Iddij, che ci perseruano consentira, che tu sieda nel magno palagio nostro; a la sinistra de la Imperatrice sacra. e per piu tua gloria, et in marmo, et in bronzo, et in oro farem consacrare la tua imagine, la tua statua et il tuo simulacro in ogni nostro tempio acciò, che come a Dea te si accendano i lumi, te si ardano gli incensi, e te si appendano i uoti.

Fermossi alquanto Massentio; peroche i detti, che gli cadeuano da la lingua gli alterarono si, la gola con l'humore; il

qual distilla la bocca, che gli fu forza toßire due, e tre
volte; ma rischiaratasagli la fauella tornò a dire a Caterina,
piegati fanciulla al uoto nostro, et habbi rispetto a le creatu
re humane, le cui uite si spengono per colpa de i tuoi magici
artificij. noi non ci potiamo imaginare come sia possibile,
che una donzella equale a te, sia crudele come se, tu. testimo
nio i martirij che la riuerenza, che noi hauiamo a i nostri
Iddij, ci ha fatto dare a coloro, che pur haurebbono adora=
to il nostro Gioue, il nostro Marte, la nostra Pallade, e
la nostra Giunone. Le tue prediche madonna hanno estin=
te le turbe de i miseri, e da le tue persüasioni son deriuate le
morti de i sapienti. ma che diciam noi? il genitore tuo, il
tuo proprio padre è suto lacerato da i tuoi conforti, dal tuo
suplicare, e dal tuo piangere. tu tu figliuola unica del
Re Costo gli hai procacciato il fine, che ti è paruto; ma
non quello, che tu deueui. e che bel premio si hanno auanza=
to le genti libere, e le brigate serue; le quali tanti e tanti an=
ni si affaticarono ne i seruigi de la tua real magione. il fuo=
co, le fiamme et il fume, le cui uiolenze pur gli uccise=
ro, son suti i lor guiderdoni, e per cagion di chi? per tua
Caterina, il tuo conuertirgli a Christo promossero la senten
tia di noi a fargli ardere in quella casa, che soleua essere
speranza de la fedele seruitu loro, e ricouro de la uecchiez
za, che essi aspettauano.

D apoi, che le parole da Cesare temperatamente dette, furo=
no da Caterina patientemente ascoltate; quella honestà di
rispondere, che scioglie le lingue de i buoni mosse la ottima
Vergine a dire, riserbate Imperadore l'abondante clementia
nostra per dono di coloro, che innamorati del fausto mon
dano

SECONDO

ſtano ſpezzano il gaudio celeſte, et in me ſi eſerciti quel tor‑
to, che uoi chiamate giuſtitia, poi che le ſue crudeltà manda
no i chriſtiani da la morte a la uita. aricchiſcaſi de la gratia
Ceſarea colui, che per cercarlo ſi fa beffe de la diſgratia di
dio, e la oſtinatione che mi tien ferma ne la ſeruitù del Signo
re rimanghiſi in me; peroche guai a Caterina s'ella fuſſe
men ſauia, o piu tenera. ſappiate Maſſentio, che io ſono
tanto in me ſteſſa, quanto conoſco non eſſer nulla di utile,
ne di buono ne la poteſtà de i Principi terreni; i quali poſ‑
ſono uccider gli huomini; ma non reſuſcitargli, come ancho
i uoſtri Iddij hanno arbitrio di dannar l'anime, e non di ſal‑
uarle. circa la perminentia, che mi offeriſce il primo grado
doppo la imperial conſorte, anchora che il tacer ui riſponda.
ſono sforzata a dire, che s'io haueſſi curato le grandezze fal‑
ſe, e breui; mi ſarei rimaſa prima reina ne la caſa paterna, che
in quanto al mondo mi era di piu honore, che l'eſſer ſecon
da a donna maggiore. hor poniam caſo, che il profuſo de la
magnanimità di uoi dedicaſſe la mia figura ne i tempij uo
ſtri, intitolandomi il nome di Dea, che miracoli uſcirebbono
da la mia deità nouella? tali ſariano i beni, che da me ouereb
bono gli altrui uoti, quali ſon quegli, che i gentili non ot‑
tengano da gli Idoli loro; ſi che io riferiſco gratie al Signo‑
re da, che la uoſtra altezza col tentar di farmi di Donna
Dea, uiene a confeſſare, che gli Dei, che adorate ſono huo‑
mini deificati da gli altri huomini, e non Santi glorificati
del ſolo Iddio.

Vn guardo auentatole da Maſſentio ne gliocchi, interuppe
alquanto la fauella di Caterina, non che la crudeltà ſcol‑
pitaci dentro, la commoueſſero; qual commoue il primo ſpirto

LIBRO

di Borea la pace, che tranquilla il mare; ma le guasta in parte l'ordine de le parole; ne la maniera, che guasta le fila de l'ordinanze lo intrigo, che se attrauersa tra loro; ma ritornata nel saldo del parlare seguitò, uoi dite Cesare, che le mie arti magiche sono state causa del sangue sparso, e de le uite perdute di quelle giuste persone, che la paura, e la forza le spingeuano a sacrificare a la uostra Giunone, a la uostra Pallade: al uostro Marte, et al uostro Gioue. tal ch'io rispondo a uoi, che scusate la crudelta usatagli con la riuerenza de gli Idoli, che la mia fede uera, ispirata de la gratia del Creator sommo, senza ueruno inganno ha rimessi su le uie smarrite coloro, che sono hora doue i miei falli non lasciaranno forse andar me. nel cosi dire se le uersar fuor de i lucenti occhi piu lagrime, che non erano le note con cui ella esplicò, doue i miei falli non lasciarono forse andar me. Ma tosto, che se le asciugò il pianto: disse, non si creda o Imperatore, che le mie semplici persuasioni siano sute atte a conuertire a Christo quello stuolo di sapienti, che miracolosamente son mancati nel fuoco; ne le cui fiamme tormentò loro, la sententia uostra; peroche la bontà superna gli aperse talmente le luci de lo intelletto, che essi uiddero il lume di Dio; onde sprezzar la morte, come apprezzar la uita, rallegrandosi del morire; qual si rallegrarono del uiuere; conciosia, che in quel punto, che per loro fu conosciuto il uero, alzarono in modo la mente a la contemplation celeste, et in maniera penetrarono con lo speculare al paradiso, che l'anime loro ripiene d'una gioia ineffabile, non sentir piu il greue penso de le membra. onde eglino inebriati da le dolcezze di si fatto miracolo desidera

SECONDO

sono il martirio; però, che sè il piacere, che fra noi nutrisce gli spiriti astratti ne la uisione de i sempiterni gaudij è incomprensibilmente inestimabile; quale e quanto debbe esser quello, che prouano l'anime, che poste giuso le some de i corpi, che le ingombrano, e sciolte al tutto da i legami de i sensi, che le disuiano, contemplano i beni del regno eterno nel conspetto di Dio? ma con che parole disensaro io il uostro rimprouerarmi il miserabile e santo, lo spauentoso e pio, l'amaro e il dolce fine del mio giustissimo padre? certo ei fu miserabile per la uecchiezza, e santo per la cagione; fu spauentoso per la crudeltà, e pio per la fede, fu amaro per la presentia, e dolce per la sua saluezza; come si sia io non merito riprensione da uoi circa quello, ch'io fui lodata da lui. egli è noto come le sue parole ultime sonarono, Io figliuola ti ho fatto conoscer gli Idoli, e tu mi fai comprender Christo; io ti ho dato al mondo, e tu mi dai al cielo; io ti sono stato guida, e tu mi sei salute. oltra di ciò, a lui parue di serrar gli occhi inanzi a me poi, che in prima di me gli haueua aperti. De i famigliari di casa mia dirò solamente, che essendo il merito de la lor seruitu infinito, per non mi conoscer habile a ristorargli co i premij temporali, ho fatto sì, che Iddio gli consola con la copia de i guiderdoni eterni.

Le frondi de gli arbori conquassate da i uenti de lo Autunno uanno cadendo con quello apoco apoco, che mentre Caterina parlaua, dileguò dal cor di Massentio ogni specie di humanitade; onde rizzatosi in piedi spasseggiò, con silentio di ciascuno, tanto per la gran sala: quanto l'ira, che lo confuse uolse, che egli spasseggiasse. Chi sentì mai fremee

LIBRO

ге il uento rinchiuso in una spelunca, o pur serrato ne le uiscere de la terra, sente il moto de la rabbia, che gli facea rotare i denti quasi fiera, che rugge. a la fine riuoltatosi a la Vergine intrepida disse afflando tosco, tu non fusti giamai figlia di Costo; ma sei nata d'uno scoglio marino, et il latte, che suggesti te lo dierono le Tigre hircane, nò che tu non discendi dal magnanimo sangue; peroche la nobiltà regia per se stessa generosa, non ha in se punto di perfidia; e se ben l'hauesse non usarebbe le sue pertinacie in pregiudicio di se medesima. Adunque tu sola ti uantarai di schernire non men noi, che i nostri Iddÿ? da, che gli essempi con cui ti ha intertenuta la nostra indegnatione non ci giouano, uogliamo, che ci uendichino i gastighi, che ti saprà dare la nostra ragione; e cosi imparerai a non disprezzare la giouentu, la ricchezza, la uita, il mondo, e Cesare; peroche lo splendore, il commodo, la dolcezza, la belta, e la gratia di Cesare, del mondo, de la uita, de la ricchezza, e de la giouentu, ti è tolta da la rigidita, da la stoltitia, da la ostinatione, da la uanita, e da la arroganza del tuo studio, del tuo uiuere, del tuo core, del tuo cerebro, e del tuo procedere. nel cosi dire lo Imperadore commise, che le sue membra; da le quali il bello de le delicatezze, et il delicato de le bellezze toglieuano il puro e il netto; fusser guaste con le uerghe unghiute.

Vdendo Caterina la sententia, che destinaua il suo corpo a bagnare i ferri del proprio sangue; disse, hora si, che io mi credo d'esser connumerata fra le ancille del Signore, hora si, che io approuarò con l'opere la fede, che io testimonio con la intentione. mentre ella parlò simili detti la fortezza, che

SECONDO

le reggeua l'animo fuggendo gli estremi, che la dipartano dal ghiaccio de la timidità, e dal fuoco de l'audacia, si recò in mezzo al centro de la bontà di lei; peroche solo i cori de i buoni sono amministrati da l'ardire di sì alta uirtù. ma perche talhora anche i giusti spauentano nel conspetto de le cose terribili; Caterina ne lo esser menata al supplitio pregò il suo sposo Christo che l'armasse de la bramata constantia, soggiugnendo, io non uoglio diuentar forte, perche la fortezza uirtù pugnante per la equità, mi facci conseguir la sua gloria con lode senza insidie, e con fama senza malitia; ma per amor di quel, che bisogna, che io adoperi; e per non declinare a quello, che per me non debbe adoperarsi; riputandomi a uergogna se con animo grande, eleuato, e sprezzante le cose humane; in honor di Dio non corressi a la morte, non che al tormento. non fauellò altro la Vergine; e benche ella sapesse, che la fortezza uera è dono de le persone diuine, dubitaua di non poter resistere al martirio; conciosia, che la humiltà sua schifa del parerle esser se non peccatrice; uoleua che ella ne dubitasse, come non haueua da dubitarne. intanto ella, che haueua l'animo parato a patir per colui, che patì per noi, sente come le mani empie sanno offender le persone pie.

Vna Colomba pura lacerata de gli artigli de le Aquile altere, una Cerua leggiadra trafitta da i morsi de i cani rabbiosi, et una Agnella humile aboccata da i lupi fieri; pareua la pura uergine, la leggiadra fanciulla, e la humile Caterina, e mentre gli horridi manigoldi la batterono, la ruppero, e la squarciarono non pur con le uerghe, ma con le bastemie, con l'impeto, e col furore. Poteuano spezzare i marmi; e fargli languire di compassione le grosse stille del sangue caldo, che le pioueua giuso da le mammelle; la cui sodezza tenera le risplendeua nel petto, come lampeggia nel Cielo la soprana compagnia di due matutine stelle. Il rilucente candore del uelo; del quale si ricopriuano con castissima uaghezza le pretiose carni di lei; nel sentire la uiolenza de i colpi mortali; si dipinse di quel liuido quasi nero, che si uede ne' i gigli lattei, e ne le uiole bianche combattute, et abattute da le furie de la tempesta; anzi simigliaua il sanguigno, et il uermiglio, il qual colorisce le uiole rosse, et i gigli pauonazzi. Ma poi che in loro fur riuolti i torti de i ferrei strumenti; diuenner talmente maculate; le sue membra senza macula, che auuenga, che l'atto de la crudelta, che la conquidaua hauesse per compiacerse uoluto fare una comperatione, che ueramente simigliasse la sua mal concia persona, non haurebbe saputo, come io per me non so; aguagliare il patire di Caterina a crudeltade alcuna; la constante fè de la quale tenendola con gliocchi al Cielo; le fece dire, che ho io a far di queste carni? e, che cosa sono ossa? e la mia persona, che è? uanita, poluere, et ombra sono e la mia persona, e le mie ossa, e le mie carni; et essendo ombra, uanita, e poluere queste, quella, e quelle altre, che mi seruano le fragilita loro? Io o Signore stimo l'anima: la quale alberga in questo corpo, come peregrino ne le case antiche; e pur, che i carnefici del peccato non tormentino lei, non mi curo d'altro. cosi fauellò Caterina con la lingua de la bocca, e del core: e stata cheta un poco soggiunse, o Christo s'io pato per te quanto debbo habbilo accetto; se non perdonamelo.

SECONDO

Cosi tutta sangue, tutta guasta, e tutta ferite, come ella era: fu Caterina rinchiusa in una prigione buia; piu che le tenebre d'un sepolcro serrato. ma perche le piaghe, che le impressero i supplitij in ciascuna parte del corpo; cominciauano a molestarla con fiammeggiante duolo; e perche le piazze, i theatri, i fori, le loggie, le strade, le chiese, le ragioni, i giudici, i suffragi, le conuersationi, e le famigliauita: non sono tanto comuni a le genti, quanto erano comuni le pene sofferte fin da i sensi, e da gli spiriti di lei; la Natura male atta a tolerarle; se ne ramaricaua con le uoci de i sospiri taciti uiuamente. tal che la Vergine se bene si rinfrancaua col mezzo di quella uirtu, che tiene a se congiunte tutte l'altre; massimamente l'humiltade: il corpo, il qual non era subietto de la intera fortezza; la faceua torcere, e scuotere come cosa di carne; peroche in lei non si uedeua niun piccolo spatio senza lesione. la tersa candidezza, la cui purita le risplendeua in tutta la compositione mortale; si demostraua si aspra, e si tenebrosa, che mise schifezza, e paura ne gli occhi, e nel cor d'ognuno. ma spregiando la Vergine, et il duolo, che ella sentiua, et il mal, ch'ella prouaua; disse seco stessa. Adunque le percosse; per cui gemano le membra mie; creano in me le querele, che escano da le uoci di coloro, che sono oppressi da i morbi? aih corpo uile, aih corpo debile, aih corpo fragile; soffrisci, spera, e taci; conciosia, che la cagione; la quale ti trahe dal uiuo i ramarichi puè bearmi: siche taci, spera, e soffe risci. siano in tuo essempio i flagelli, che fiaccarono il capo, il sacro, e il santo corpo di Giesu; patendo per le colpe di te solo, cioche la innocentia sua patì per gli errori

I iiij

LIBRO

d'ognuno, confortati ne l'afflittioni de le piaghe, che ti ap dano, e ne le batiture, che ti accorano; col pensare a Chri sto, le misericordie del quale ti concedano gratia, che tu imiti il principio de la passion di lui. oltra di ciò tu sei obli gato a riuolger la doglia in gioia; da che i tuoi martirij bre ui, sono rifrigeri eterni del nostro spirito; de i cui debiti sei malleuadore a Dio; e, che sia il uero tu nel tormento, che prouasti, e proui; gli pagasti e paghi parte di quegli, ch'io tengo teco.

Nel quetarsi di quella lingua dotata del poter fauellare con lo spirito del Signore; ecco un mormorio altrimenti soaue, et altrimenti grato, che il suon de l'acque, che la matina in su l'alba piouano sopra i tetti; onde le noie, che la passata notte hanno col suo uapore tenuto desto colui, che se la credea dormir tutta; conuertitesi in dolcezze; gli serrano gliocchi con giocondissime tempre. Il mormorio, ch'io dico uersò in modo la pace del sonno ne le graui luci di Caterina, ch'ella si adormentò, come persona libera, e sciolta da tutte le cu re, e da tutti i fastidi, che ponno ingombrare, et occupa re la mente, è l'animo. e mentre la manna del sonno le nu triua con la sua quiete i uitali spiriti; gli Angeli discesi dal Cielo ne la prigione, che la chiudeua; ungendola con l'un guento de la diuina miseratione, la riempierono di tanto conforto, che di tale non si riempiè mai persona uiuente, e perche la consolatione con cui ella dormiua; participaua del piacere, che gustano gli eletti ne i riposi del Paradiso; a pena mostraua il moto del fiato, che ci fa respirare. in cotal mezzo Massentio ordinò, che per dodici giorni le fusse tol ta quella feta di pane, e quel bicchier d'acqua, deputata

SECONDO

è per sì; da la maluagita sua; a la natural fame di Caterina Angelo terreno, e Donna celeste. ma per essere spinta la Maestà di lui da le importanti occorrenze; a douer trasferirsi fuor de i confini de la regione; chiamò a sè Porphirio heroico principe de i suoi inuitti eserciti, e meritamente primo nel Cesareo fauore; perche le nobilità, le maniere, e le uirtù de l'huomo inclito, saggio, et ualoroso erano tali, tanti, e sì fatte; che il Cielo, la Natura, et il mondo ne giubilauano, ne godeuano, e ne gioiuano; come di cosa cara, chiara, e preclara. onde il gran Massentio uero conoscitore del merito di sì magno Heroe, gli hauea dato la cura de i suoi thesori, de i suoi pensieri, del suo impero, de la sua uita, e de la sua anima. Il Signor, ch'io dico si staua apunto in sun quella età, che moue quanto di magnanimo, quanto di robusto, e quanto di glorioso può ritrar da la istessa generosità; da le istesse forze, e da lo istesso nome il desiderio; il quale arde la uita di colui, che appetisce il sommo grado di honore. egli, che possedeua con uiuacissimo merito il numero d'un quaranta anni; si auanzaua sopra ogni altro di persona grande; non altrimenti, che si auanzasse ogni altro con la grandezza de la reputatione magna; ne mai si uidde corpo aiutato dal disposto de le membra, che nel perfetto de la proportione; pareggiasse il suo. conrispondeuangli con sì bella attitudine, e con sì suelta destrezza le mani, a le braccia, le braccia a le spalle, le spalle al petto, il petto al busto, il busto a i fianchi, i fianchi a le coscie, le coscie a le gambe, le gambe a i piedi, i piedi a l'andare, l'andare a la presenza, la presenza a la faccia, la faccia a l'aria, e l'aria a i gesti, che pare ua, et era quella;

che non poteua essere ne parere altri. chi uoleua sapere cio che si fussero spoglie, trophei, carri, et armi; guardauagli l'altero, et aureo fronte, da l'un ciglio del quale posaua la calma de la pace, e da l'altro furiaua la tempesta de la guerra. ne mai trouosse alcuno, che lo mirasse ne gli occhi, che non isperasse, o temesse. ma tutto è nulla a paragone de la bontade; la quale gli amministraua lo intrinsico del core intrepido, e clemente. egli che era magnanimo per nobiltà, per grado, e per ricchezza; osseruò in maniera il decoro de la propria magnanimità, che la Natura, che gli haueua conferito un tal bene; se ne marauigliaua. et esso infiammato dal fuoco di cotanta uirtu; sempre si diletò, e sempre si compiacque di esseguire le cose grandi, et alte. certo in lui fu maggior il dolore, che gli hebbe non potendo donare terre, e città, che l'allegrezza, che prouò donando argento, et oro. fu uerace ne i fatti, come ne i detti. la humanità de le sue mansuetudini, e la pietà de le sue compassioni fur senza pari, come ancho non hebbe simile in tutte l'altre attioni del uiuer caualieresco. ma per conchiuder la somma de le lodi, che gli fregiauano lo spirito, et il nome; solo quella fede, che tosto la gratia di Christo, e le parole di Caterina gli faran confessare; mancaua a la perfettion di lui.

Venne la inuitta eccellentia del buon Porphirio al conspetto illustre de lo Imperador suo, et inchinatolo con riuerentia piu tosto conueniente a gli Iddij, che a gli huomini; alzò con real atto la mirabilissima testa: la Maestà de la quale gli risedeua in sul collo, e in su la gola con quella ferma uenustà, con cui risiede sopra la sua colonna la grata for-

SECONDO

ma d'un capitel Corintho; peroche il sottile de la barba, et lo scorciato de i capegli; ornauano lui, come lo artificioso, e lo intagliato de i fogliami, e del marmo adornano la cosa predetta. attendendo il gran Principe ciò, che bramaua imporgli la uolonta di Cesare, ode dirsi da Massentio; Porphirio da noi amato, e da le genti honorato, mercè del merito, che inclina noi, e sforza le genti ad amarti, et ad honorarti; da, che lo interresso, che qual tu sai; ci chiama doue ti hauiam detto; e perche andiamo uolentieri a stabilire le cose apartinenti a la potestà nostra; ci duole di partir senza te; però, che la prudentia tua in ogni occasione ci fa le ue il peso, che sostiene colui, che signoreggia; il quale in alcune particularitadi è molto piu sconcio, che quello, che preme coloro, che sono signoreggiati. ma poi, che la necessita ti ammonisce a lasciar te, doue tu rappresenti noi; ricordiamoti il far sì, che la setta di Christo non fermi punto il piede; e nel punire ognun, che ardisce di confessar la legge sua; proponi l'honore, che deui a gli Idoli a le ragioni de le clementie, che ti fan degno di laude, e di gloria. in co tal mezzo la espeditione, che daremo a i negotij stranieri ci restituira a questa cittade alma, et a la tua presentia nobile. come Cesare hebbe detto ciò, che io dico, ch'ei disse: gli fu risposto dal buon Porphirio quel, che si richiedeua à l'altezza Imperiale, et a la modestia seruile. egli referì gratie conuenienti a l'amore, et a la fede, che gli portaua, e che in lui haueua Massentio; la serenita del quale nel commettergli la persecutione de i Christiani con l'ansia, che gliene commise: gli fece dire o Cesare; se il Cielo, non cambia core a questo petto; e col darmi uno animo nuouo;

LIBRO

non ci edifica dentro una altra mente; io sarò loro ciò, che gli ha mostrato di essere la tremenda indegnation uostra. ma per parermi impossibile, che in me si muti la solita mente; il solito animo, et il solito core; il diligente de la mia seruitu è certa di esseguire la somma di tutto quello, che mi comanda l'ardente uolonta di uoi.

Tosto, che Porphirio pose fine a quel suo chiaro, piaceuole, et elegante parlare: Massentio con bocca ridente s'inuiò seco là doue si staua la Imperatrice somma, la cui generosa humilta riceue il soprano suo Consorte con magnanima riuerentia: e nel sederli al'incontra; Cesare le prese la mano, e guardandola con gliocchi de la mansuetudine; disse a lei; Anchora, che in uostra altezza siano uirtu, e qualita da potere con la grauita de la clementia, e con la uirilita de la giustitia; reggere il mondo perpetuamente; non che Alessandria in quei pochi giorni, che il deuer nostro, et il bisogno altrui ci fa assente da uoi: lasciamo a Porphirio il gouerno de i popoli, che ci dimorano, e ciò ne pare per esser egli noi medesimi, e perche possiate uacar libera da ogni impaccio. Ma per ch'io temo, che il fuoco del morbo christiano ci abrusci fino al proprio palazzo: se ben sete la istessa prudentia; pregoui, che auertiate a i pregiudicij de la Romana legge: perche egliè forza di faticar per la gloria de gli Idoli; conciosia, che la deita loro: è sostegno de la potenza nostra. nel cosi dirle Massentio le porse le labbra ne gli occhi: e basciandognele, gli parue basciarle l'animo, e l'anima; e tolta da lei l'ultima licentia, apparendo ne la gran sala; ruppe le fila, de i romori, e i cerchi de le genti, che lo stauano aspettando. Subito, che la sacra persona sua

SECONDO

fu uista uscir di fuora: quegli, che per riuerenza, per debito, e per diporto deueuano partir seco; si mossero con piè rato inuerso i destrieri loro, e montatiui sopra; si spingeuano a gara ne i luoghi piu atti a esser ueduti dal Principe, et piu commodi a ueder lui. Intanto Massentio scesa la scala di marmo splendido, si uidde menare il Cauallo stato buon pezzo nel chiostro de la gran corte rodendo, et imbiancando col moto de i denti, e con la schiuma de la bocca il freno d'oro, che lo reggeua; et egli posto il piede mancino ne la staffa gioiellata, fermando la mano da la briglia sul capo de l'aurea sella; pontando in suso, e girando la gamba destra ci salse con attitudine Imperialmente regia: e guardando gli stuoli de gli huomini, e de le donne, che per le strade, e per i balconi erano corse a uederlo; si dimostraua a quegli, et a queste con ciglia placide; e con sembianza benigna. in cotal mentre il nuuolo de la poluere cresciuta da la frequentia de i passi de la gran caualeria; lo tolsero da la uista de le donne, e de gli huomini, che lo seguitauano con gli occhi. e cosi egli con molto strepito di uoci, e di trombe se ne andò al suo camino.

La notte precedente a quel giorno: nel qual Massentio si partì d'Alessandria: la ualorosa, et ottima Imperatrice fece un sogno non men uero, che salutifero. Parue a lei (che soauemente dormiua) di udire una uoce, che diceua in suono dolentemente amoreuole; è possibile Signora del mondo, che la tua bontade sopporti, che la fame operi in Caterina ciò, che non han potuto adoperare le uerghe? tu donna de le madonne, consenti la morte di colei, che può piu in Cielo, che tu non puoi in terra? Destossi la Imperatrice inclita

LIBRO

udendo ciò nel sonno; e destatasi; si diede a pensare quale, e quanta fusse la crudeltà; che teneua in prigione la Vergine famelica, e lacerata. e ritornandole in memoria la bellissima giouentu, l'altissima stirpe, e la santissima uita sua; non pote raffrenar le lagrime, che asinser gli occhi da la fonte del core. intanto il non saper, che farsi le aggiugneua humore al pianto: ella non sapea, che farsi per colpa del ricordo, che inquanto al caso de i Christiani; gli lasciò lo acorgimento del suo marito inuitto; e contrastando in lei l'ammonition del sogno, e la paura di Massentio; piacque a Dio (ilqual sa in che modo si mouano i cori disposti per bontà di mente, e di natura a cōprenderlo) che cioche l'hauea detto il sognar dormēdo; cedesse a quello, che lo Imperadore le predisse partendo. onde ella cōpunta da la gratia, che il datore di tutte le cose pioue in quegli, i quali pietosamente procedano negli andari del uiuere: cominciò a risoluersi seco medesima, di uoler soccorrere a le necesitadi estreme de la singular Vergine. ma perche la dubbiosa femina temeua quel, che uoleua, et uoleua quel, che temeua: Iddio guardò in cotale istante il cor grande di Porphirio. giusto; con l'occhio de la prefata gratia; tal che egli si scosse, come si scuote uno huomo: il quale ne lo alzar del piede uiene asorgere il concauo del precipitio fuggito da lui con tremenda esclamatione.

Ne lo infonderfi nel petto del famoso Porphirio la gratia con cui Iddio premia le ottime intentioni; parue proprio, che se gli rinouasse il core, la mente, e l'animo: come egli per essempio di cosa impossibile hauea gia detto a Massentio: onde rimasto tutto cambiato, e tutto confuso; somigliaua una persona ripiena di marauiglia nuoua; la quale si diparte in modo da quel, ch'ella era, che altro non fa, che pensare, et stupire; e stupendo, e pensando; si confonde nel pensiero, e ne lo stupore. Standosi il gentil Signore in si fatto stato, se ne andò a la Imperatrice egregia; credendosi acquetar iui parte de la molestia, che lo combatteua con intrinsica contrauersia; ma trouò la presentia di lei, molto contraria a quel, che di trouarla pensaua: però, che la bonta sua conturbata dal medesimo trauaglio: si dimoraua con seco so la sospirando, e tacendo. per la qual cosa egli quasi imitasse lei taceua, e sospiraua; tal che chi hauesse ueduto lui, e lei sospesi in lor medesimi; hauria detto colui, e colei hanno perduti i sensi; e smarriti gli spiriti. Ma che non puote fare il fattor del tutto? egli che può ciòche uole, et uol quel, che è bene, et è bene ciò; ch'ei fa; fece udire a tutti due, in che ui offende Caterina? in nulla rispose il core, e la lingua de la Imperatrice, e di Porphirio; et nel rispondere ciò senza saper come; si arischiarono di parlarne insieme: e parlandone commemorarono tutti i miracoli, ch'ella hauea fatti in salute del suo prossimo, et in gloria del suo Christo. e replicandogli con gran zelo, si riscaldar talmente ne l'amor di lei, che ordinarono con molta pietà di trasferirsi la notte auuenire; doue ella era. Non parue tanto tardo a gli auersari di Dio lo indugio, che le parole di Iosue, la ueste di Helia, e la uerga di Moise messero in uirtu del Signore; nel corso del Sole, ne i passi del Giordano, e nel moto del Mare, quanto a Porphirio, et a la Imperatrice si mostrò lungo il termine stabilito da essi, a la uolonta de lor medesimi. à due, circa il parlare a la Vergine, aspettar la notte per

LIBRO

occultar quel secreto, che a la fine haueua a spargersi non solo ne gli Alessandrini popoli, e ne le circunuicine nationi; ma di età in età, e di gente in gente.

Tosto, che le membra, i sensi, e gli spiriti di Caterina; fornir di consolare ne i refrigeri de la dolce pace del sonno; tutte le afflittioni recate dal supplitio ne gli spiriti, ne i sensi, e ne le membra di lei; gli Angeli, che ne haueuan curata, la destarono con il dibatter de l'ali. ella aprendo gli occhi, subito gli richiuse; peroche lo splendore, il qual folgoraua da le faccie de i messi di Dio, gnele fecer riserrare, come gli riserra colui, che uscito de le tenebre porge le luci a l'aria; il souerchio de la cui uiuezza, in un tratto gli rimanda giu òl'alto de le palpebre. ma la gratia del Signore diede tanta uirtu a la uista de la sua sposa, che ella riaprendo gli occhi la seconda uolta; uidde i famigliari del Re del Cielo, che le amministrauano la uiuanda; de la quale ne le mense empiree si nutriscano l'anime de i beati. gustonne la giouane santa, con sobria parsimonia se bene il digiuno la faceua bramosa del cibo, e sentendosi ristorata con un prò diffuso fin ne le sue uiscere; tornò a l'oratione, et orando disse; da, che gli è di tuo consiglio Creator mio; che la possanza de i tuoi miracoli si dimostrino in me; che ti son dedita, in me, che ti son serua, in me, che ti sono ancilla, et essendoti et ancilla, et serua, e dedita fermamente gli credo, gli predico, e gli esalto, siacioche agrada a la uolontade tua. Ma se fusse honesto a dire, che tali gratie si largissino in persone di piu merito; lasciando patir me peccatrice; lo direi. ma da che non lice il dar legge a la prouidentia con cui reggi ogni minima e gran cosa del mondo; me lo taccio.

Nel

SECONDO

Nel porgere il cor di Caterina sì fatte parole a Christo; l'harmonia de i canti angelici, fece udire a le sue caste orecchie la diuinità de le gole superne, onde ella degna di godere gli accenti di cotal musica riempiuta l'anima de la sperata beatitudine; si ridusse a la comtemplation mentale con sì nuouo feruore, che il giorno le fuggì dinanzi senza punto auedersene, et hauria così come ella era andata in ispirito, senza niente acorgersene trapassata anchora la notte; se un gran rumore di chiaui ripercosse insieme non la interompeuano, e perche doppo al suon del rimescolamento de gli istrumenti, ch'io dico; si udì con moto stridente diserrare le doppie porte del carcere; Caterina si pensò, che Massentio, la cui partenza le fu mostra dormendo da la uisione, mandasse a spedire quel fine, che si credea, che le fusse indugiato da la fame. ella stimò certo, che il carnefice uenisse a lei per ucciderla miseramente in prigione, per laqual cosa fauasi il segno de la croce; si apparecchiaua con tutto il core di rendere lo spirito a chi gnele haueua dato. in tanto la Imperatrice magna, e Porphirio degno abbagliati da i raggi, che cerchiauano i messi del Padre eterno, caddero in terra, quasi persone abattute dal flagore del fuoco, che accende i baleni, et infiamma le saette. il terrore del terribile splendore, che ferì le uiste di coloro, che inuer Damasco accompagnauon Saulo; parue che uscisse dal lume lampeggiante intorno a i corrieri celesti; onde il gran Signore, e la grandissima Signora occupati da la paura, che gli pose ne gli animi la onnipotente luce, si stauano caduti giuso, come corpi estinti. a la fine ribauuti mercè de la Vergine intatta, et inuiolabile: senti-

K

LIBRO

rono tanta soauità di odore non piu sentito, che i loro spiriti inhebriati de la uitale rifragantia giubilauano dentro a i termini de le proprie uiscere, come giubilano gli eletti dentro a i confini de le sale celesti.

Il fine del secondo libro.

TERZO LIBRO DE LA VITA DI CATERINA VERGINE GLORIOSA AL MARCHESE DEL VASTO CAPITANO INVITTO.

TERZO LIBRO DE LA VITA DI CA
TERINA VERGINE GLORIO
SA AL MARCHESE DAL VASTO
CAPITANO INVITTO.

Entre la gentile Imperatrice, e lo splendido Porphirio trasferiti ne la prigion de la Vergine; si nutriuano de l'ambrosia spirante da gli Angeli, che poco doppo a lo arriuar loro si ritornaro in Cielo: odano dirsi da Caterina, Donna saggia, e Caualier prode, che ui inspira Iddio? a uenire a te: rispose l'amata mogliera di Massentio. et ella a lei; salutifero, santo, e memorabile sara il premio, il qual trarete da la clementia sua; da, che ubbidite a la tacita uolonta di lui. cosi disse la donzella sola; e poi soggiunse: ueramente la cagione che ui ha qui spinti; è dono de la pieta diuina, et il uostro esserci pur uenuti uirtu chiara de la dignitade uostra: onde io che riguardo la uolonta del Creatore, e la carita, che a me ui conduce; mi rallegro de lo acquisto, che senza dubbio; e tosto faran per ciò l'anime di uoi coppia nobile, e sacra. ma beati coloro, che ponendo il piè su le uostre orme, imiteranno l'humilissima generosita, che ui fa rettamente sinceri; e sinceramente retti; et amando piu il Ciel, che il Mondo si sforzaranno di seruir a Christo in terra; per regnar con Giesu in Paradiso. chi non sa quanto lo albergo di Dio sia differente da la stanza de gli huomini? chi non sa in che modo le bellezze de le cose empiree, superano l'eccellentie de le gioie terrene? e chi non sa, che tutto quel, ch'è miracolo

qua giuſo, è nulla laſſuſo? ma s'ogniuno, s'ogni gente, e s'ogni popolo puo ſapere, che il Sole, la Luna, e le Stelle (ſtupori immenſi de gli occhi noſtri) ſon calcate da le piante de le famiglie del Padre eterno; perche non torre la dilettione da i beni temporali, e locarla ne le delitie immortali? che coſa è mondo? egli è terror de la vita; ma noi non hauiam paura di lui; peroche ci ſi dimoſtra con la maſcara de la giocondita: che ſe ciò non fuſſe, ne hauereminò il medeſimo ſpauento, che hanno i giuſti de lo Inferno; però, che mentre i vitali ſpiriti negotiano per gli intrinſichi intereſſi del corpo, che eſſi reggano, non ſi ſente ſe non diſcordie, guerre, liti, querele, inganni, furti, nimiſtà, menzogne, guai, diſturbi, rapine, ſuperbie, inuidie, falſità, tradimenti, inſidie, humicidi, uituperi, inſulti, crudeltà, ambitioni, perfidie, luſſurie, fornicationi, inceſti, adulteri, ſacrilegi, hereſie, beſtemie, maladicentie, calunnie, ruine, ſceleratezze, ſpergiuri, anſietà, oppreſſioni, nequitie, ingiuſtitie, ferri, ceppi, prigioni, tormenti, diſperationi, e morti: ne mi ſcordano oltra le infermità, le medicine, le diete, le crapule, le pouertà, le miſerie, le malenconie, à ſogni, le imaginationi, i cordogli, la perdita de i ſenſi, de i membri, de le ricchezze, de i figli, e de gli amici con le moleſtie, che ci affligono fuor del corpo, cioè i caldi, i freddi, le tempeſte, i diluuij, le neui, i uenti, i tuoni, i baleni, le ſaette, i terremoti, le fiere, i ueleni: et ogni altra noia, che ci nuoce uiuendo, come ſarebbe à dire la terra, il mare, il fuoco, l'aria, il ferro, l'acque, i peſci, gli uccelli, l'herbe, i frutti, i nuuoli, le nebbie, et il ſereno. adunque ſi dee chiamar uita quella coſa, che è pero uersata da tanti mali.

Ripresa la Vergine al quanto di lena; soggiunse. Se io fornissi di esslicarui il resto di ciò, che ci puote non men nocere, che molestare, ui sbigotirei; perciò, che io ho lasciato indietro fino a l'ombre, fino a i demoni, e fino a gli incanti; con le cui temenze, con le cui tentationi, e con le cui falsita ci spauenta, ci danna, e ci schernisce il Mondo. ma cominci dal principio del nascimento humano; chi uole imparare a odiarlo, con il zelo, che altri l'ama. certo il nostro nascerci piangendo fa fede, in che modo ci deueremmo dolere di esserci nati; conciosia, che le mondane calamità, sono lagrimabilmente miserie: e le fascie, che ci legano ne lo introito, che facciamo nel uiuere; testimonio la seruitu ch'ei uole, che noi hauiamo co i uitij de le sue uanita. la parola, la discretione, e la conoscenza, che indugiano le uirtu loro ne la creatura, che ci nasce; ci rimprouera l'obligo, che mal grado nostro, hanno le bestie con la natura; il cui istinto nel trarle fuor de i uentri di chi le partorisce; gli mette in opra il belare, il suggere, il pascere, il medicinarsi, il correre, il saltare, il fuggire, et il defendersi; e noi miseri oltra l'altre cose; indugiamo l'andare da noi stessi, ritardiamo il mangiar da noi medesimi, et prolunghiamo il fauellar di noi propri tutti quei giorni, tutti quei mesi, e tutti quegli anni stabiliti da lei a la specie nostra. crescendosi poi ne la adoloscentia; continuamente siamo assaliti da le minaccie, da le paure, da le ammonitioni, da le sferze, da le uerghe, da le discipline, da le regole del cibo, da la patientia de le scole, e da la austerita de i precettori. uiensi doppo ciò ne la giouentu le furie de la quale sono senza fre

LIBRO

no, senza legge, e senza temenza, e mentre ella uagabonda, et errante si raggira ouunque, la riuolgano i suoi tiranni appetiti: inciampa in quel danno, intoppa in quella uergogna, e cade in quel precipitio. peroche il passo di lei moue sempre con il rischio de i suoi pregiudicÿ: e seruendo solo a i piaceri de la concupiscentia tuttauia langue, tuttauia contende, e tuttauia suda; e facendo del dì notte, e de la notte, dì, non distinguendo i dì da le notti, mai non dorme i suoi sonni, e mai non uegghia le sue uigilie. ecco al fine, che si rouina ne la uecchiezza ultimo grado del uiuere, greue toleranza de i guai, uera imagine de la sepoltura, et forte calamità de gli stenti, de i ramarichi, de i fastidi, de le frenesie, de l'auaritie, de le smanie, de le tosse, de i catarri, de i fianchi, de gli stomachi, de le stranezze, de i difetti, de lo abborrir se stessa, e di tutti quei mancamenti, che le rouescia adosso il tedio del tempo, et il peso de la etade.

Due sospiri isuiscerati, l'uno mandato fuori dal seno de la moglie di Cesare, e l'altro formato dal petto del capitano di Massentio; fecero arestar la fauella di Caterina, e poi seguire: come si aresta l'altrui piede, et passa oltre, s'auuiene, che chi camina incontri cosa, che lo fermi, et moua. dico che la Vergine; da che col sospirar loro non sonò altra uoce; riprese il parlare con dire gran cosa, che gli huomini piu auidi del uiuer lungo, che del uiuer bene; tenghino si cara la uiltà de la uita, stimando in lei cioche di lei si deuria sprezzare; ostinandosi in credere, che i riguardi, che si hanno a i corpi; ne i quali uiuiamo gli scampino, non solo da quei colpi con cui il tempo diuora gli scogli

TERZO

consuma l'acciaio, inghiottisce i monti, e tranguggia i fiumi; ma da i graui accidenti, che gli uccidano. come è possibile a mantener la molle, e la delicata compositione del nostro essere; auuenga, che ogni minimo impaccio ci spenga il lume uitale? ecco il fine di molti si è uisto nel percoter d'un piede, ne lo ispurgarsi, ne lo starnuto, e colcandosi in letto, e sedendo a mensa. ma non pure i morbi piccoli, e le febbri leggieri ci riducano ne la fossa; ma fino a l'allegrezze ci uccidano. e se ci uccidano fino a le allegrezze, che cose son quelle, che ci fanno uiuere? hor che debbo io dire circa la breue somma de i giorni, che si godano in terra? certo chi toglie da cotal numero l'hore, che si spendano nel sonno, il tempo che si getta ne l'otio, lo spatio, che si uaca ne i pensieri, i dì che si consumano ne le infermita, le settimane, che si dispensano aspettando, i mesi, che si logorano ne i dispiaceri, gli anni, che se ne portano gli ody, et i lustri, che si dileguano ne gli essercitij; non ci rimane con che i miseri mortali possino a pena pensare a le colpe loro. ma poniamo che si uiuesse senza essercitio, senza odio, senza dispiacere, senza sperare, senza infermita, senza pensieri, senza otio, e senza sonno. e che l'hore di mille anni ci fusser tutte sane, tutte propitie, e tutte felici, che saria? sarebbe il uano de la uanita; peroche ogni cosa passa; se bene il Sole si leua la matina, e tramonta la sera, dipoi rinascendo si riuolge per mezzo dì, e cingendo col suo lume, e riempiendo col suo spirito tutto l'Vniuerso, ritorna ne i suoi cerchi. se non fusse, che chi ha l'essere ha l'anima, e chi ha l'anima può hauere Iddio; direi che meglio nasce chi uien morto fuor del materno uentre; anchora che uenga a mondo indarno, e benche uada ne le tenebre senza nome, che quel, che è partorito uiuo da l'aluo de la madre con titol di Re; peroche chi nasce morto non sa come i risi de gli empi; scherniscono i pianti de i giusti; onde l'huomo commosso dal sensitiuo del disdegno non ha una hora di tregua, non che una pace perpetua: e che sia il uero

S'egli habita ne la citta; non resta mai di pugnar con lo stuolo de i rancori; peroche essendo plebeo, il rimprouero de la ignobilita, che non lo lascia riuerire, il tormenta con gli stimoli de la ignominia. S'è patritio; l'ambitione (moto de gli animi ciuili) sempre lo prouoca a inuidiar quello, o a insidiar questo, solo perche brama salire i gradi de l'honore, e sedere nel trono de la degnita; le cui perminentie per non temere Iddio, disprezzano ognuno. ma perche ne la cittade la stoltitia precede tanto a i sauij, quanto la luce è lontana da le tenebre; non è cordoglio che aggiunga a quel di coloro, che ci dimorano, però, che la indegnatione nutrisce le sue alterezze là doue son maggiori le dottrine humane. conciosia, che senza altra noia ella da sè stessa, in sè stessa, e per sè stessa, è una pessima occupation di mente, et una trista afflition di spirito. et uaneggiando sempre da se medesima, in se medesima, e per se medesima; induce chi la possiede da se proprio, in se proprio, et per se proprio; nel centro d'una peruersa insania. ma uadasene l'huomo ch'io dico ne le selue, s'egli ci ua; in due giorni confessa d'imitar la uita de le fere, e confessandolo desidera la conuersation de le genti; gli agi de le commodita; lo spasseggiar de le piazze, il uisitar de i tempij e la giocondita de gli amici. s'auuiene che altri non habbia figliuoli, ne geme di continuo, e gemendone ogni hora; sempre porge prieghi al Cielo, e tuttauia appende uoti in alto per hauerne: hauuti gli poi, si lagna de le cure, che bisogna, che esso ne prenda; e lagnandosene oltra il temere, che ogni ombra non gliene rubi, si affanna assai; accioche essi molto hereditano. intanto quel ch'ei pensa che uiua more, e quel, che egli fa essercitare ne le uertu, impara i uitij. Hor eccone uno ricco di prole, e d'oro, ma non contento; peroche la bassezza del sangue il molesta. eccolo di gran legnaggio; ma non lieto: conciosia, che la infamia de i mali acquisti lo uituperano. eccolo al cielo per la lode data dal grido publico a le sue illustri qualita; ma non allegro, auuenga che la sanita, che ci conserua, è nimica de la sua indisposta complessione. il Mondo uede quello, che appetisce la concordia entrare ne le sue paci; e questo, che cerca la discordia comparire ne le guerre; ma con mal prò de l'una, e con trista sorte de l'altro; peroche colui si somerge ne gli otij de la sua quiete, e costui si sotterra ne i sangui del suo furore. Veniamo a coloro, che sono in seruitu, et a quegli, che stanno in istato; quegli che seruano, uedendosi ne la uilta del seruire, bastemiano la ubbidientia, che gli humilia; e maladicano la speranza, che gli intertiene: e coloro, che signoreggiano ingombrati dal sospetto de le insidie inimiche, temano fino al sapor del cibo, che essi mangiano, et a la morbidezza del letto, che essi premano. in somma se tu sei pouero ognun fugge il monstruoso de la tua miseria; se tu cresci ne le faculta ciascuno inuidia le rendite de le quali abbondi; e da che ciò ch'io narro non è bugia chi ci uol uiuere?

LIBRO

Due figure uniche dipinte da lo stil uiuo de lo egregio Titian Vecellio, o uero sculpite da lo scarpel chiaro del singulare Iacopo Sansouino: le quali con immobile attitudine tenghin tese le orecchie a i detti, che sogliono uscir de la bocca altrui pareuano la Imperatrice, et Porphirio attenti a i discorsi utili, et ueri di Caterina humile, sincera. onde ella seguitando ne la materia de la mondana uanitade diceua loro; Veramente quegli si puo dir, che uiuano, che tengano dinanzi a gliocchi del uiso, e del core la forma del uiuere, e la imagine de la uita; la quale è uia di Dio quando ella buona. e sol coloro son degni di esser chiamati uiui, che senza rimorso di conscienza hanno la mansuetudine de l'animo equale con ognuno: e fortificandosi tuttauia con le uirtu, si liberano da le uolupta. onde non pur resistano a gli assalti de gli appetiti; ma oltre al diuentar Re de le intentioni loro, tengon sempre il pensiero al peccato, et a la morte; peroche la paura di quella emmenda lo error di questo; e cosi facendo ritranno da la gratia celeste, i consigli de le cose, che honestamente si debbon seguire, e mossi da lo esempio de le compassioni con cui il creatore riguarda l'afflition de gli huomini, soccorrono il prossimo ne i suoi duoli, e ne i suoi infortunij; e soccorrendolo ne i suoi infortunij, e nei suoi duoli; si conseruano l'anima concessagli da Dio, e sprezzano il senso adescatogli dal mondo. Questi tali per sapere, che la prudentia è uno ornamento d'animo, il quale per discender da la bonta diuina ci insegna a seguire il bene, et a schifare il male; si dimostrano saggi in ciascuna occasione; onde mercè di si nobili uirtu, tengono a uile, le uaghezze care.

TERZO

e perche si ua a Dio solo col mezo d'una fede intera; tutto quel che piu si stima in terra: uien piu abborrito da essi: peroche passano le magnificentie de le pompe, passano gli splendori de gli apparati, passano le sontuosita de le cene, passano i fausti de gli spettacoli, passano le allegrezza de le prosperita, passano i zeli de gli amori, passano le amenita de i giardini, passano le apparenze de gli edifitij, passano i gridi de le lodi, passano le riuerentie de gli honori. e passando il tutto d'ogni cosa, passa ancho ogni cosa nel tutto. i carri de le uittorie di Massentio son passati, e la memoria di ciò di continuo passa. e chi andasse la notte in quel luogo, nel quale è stato il giorno lo Imperador triomphante, ci uedrebbe in uece de le genti, de i caualli, e de l'armi horrori, silentij, e tenebre. ma conciosia, che tutte le cose insieme co i regni, co i thesori, e con le uite si disfaccino, si consumino, e si muoino: procacciateui o anime elette i uostri seggi in cielo; peroche lassuso ui perpetuarete altri gaudij, et altri gradi, che non sono quei pochi, e quei piccoli, che si di rado, e si breui ci si prestan quaggiuso. deh Imperatrice somma, deh Signora splendida, deh creatura dolce, deh spirito sacro donate a uoi stessa il regno di Dio; nel cui possesso ui locara il credere a Christo, le uiscere de le misericordie del quale nascendo egli di Maria uergine, ci uisitò altisimamente, santisimamente, et immortalisimamente.

I l continuo soffiar del uento; non accende i carboni, et accesigli non gli auiua, et auiuatigli non ne trahe la fiamma, che trassero le parole di Caterina dal core de la Cesarea consorte; poi che l'hebbero auiuato et acceso. e mentre che ella tutta compunta piangeua per zelo di carita: e tremaua per horror de le cose udite. intáto ecco la Vergine, che dice, se tu Porphirio innamorato de la lode figliuola de la gloria temporale, sei uisso fino a qui giustamente, con che bontà debbi tu uiuere l'auanzo de i tuoi dì hor, che hai udito ciò che in leal ueritade mi ha fatto parlare Iddio? io son certa, che sì come uinci ogni altro Caualiere nel ualore, e nel senno, che uincerai anchora ogni altro in amore et in fede, e consacrato a la militia di Giesu per te uincendo per lui combatterai; sofferendo per il Saluatore fino a quello, che è duro a pensare, non che a patire; peroche egli non è dubbio, che ne la maniera, che si scorge lo splendor del Sole ascoso sotto al corpo de la Luna, sè ben serbando in sè il uiuo fonte del lume par che uenga meno; cosi chi more in Christo, ben che paia morire, ritiene però in sè la eternità de la uita. Ecco tu Capitano inuitto hai esposto mille uolte te stesso ne i pericoli, e perche? per lasciar memoria d'una gloria, che non che sia perpetua; non è pur lunga, e quando ben fusse perpetua importa nulla; per ciò, che altri la sente tanto doppo la morte: quanto la sente inanzi la uita. A dunque pon mente al Cielo; e nel contemplar la sempiterna sede di Dio, spregia, circa l'opre de le quali ti uanta la fama; cioche di te potria dire un tempo il uulgo, et uergognati che le tue attioni habbino a porre piu tosto speranza ne i guiderdoni humani, che ne i premij diuini; e fa sì, che le uere uirtu tirino te con le loro lusinghe al segno del uerace ornamento. ma perche la pace permane doue non è il peccato; accio che tu possa pacificamente uiuere; auezzati a soagiogar te medesimo. conciosia

TERZO

che il uincere in se stesso i uitij, è uirtu singulare de i proprii costumi; onde te ne conseguira maggior triompho, che non hai conseguito in quante battaglie, tu uincesse mai. peroche in quelle ti ualesti de le forze de i soldati, che ti seguiuano, ma in questi adoprarai il ualore di te solo. Io Porphirio son christiana la Iddio mercede: e perche chi è di cotal religione deue porgere ad altri il suo poter ne i bisogni, il suo saper ne i consigli, et il suo uoler ne i desiderij; dò al prosimo quel poco di aiuto, che puote insegnargli la lingua del mio intelletto, e quello assai che mi inspira a dirgli Iddio; e prima si uedra la uia de l'Aquila in Cielo, il camino del serpe in su la pietra, il sentier de la naue in mare, e la strada de l'huomo in giouentu; ch'io manchi a lui di quel, che non debbo. colei che si diletto de le pene, che ella pati per Christo, piu che Massentio non si compiacque in fargnele dare, pose fine a le ardenti parole sue; peroche l'alba, che gia usciua di sotto le negre ali de la notte; mosse la Imperatrice, e Porphirio a ritornarsi al luogo, dal qual si eran partiti, per uenire a soccorrere colei, che non hauea bisogno de i loro aiuti. onde non accade il lasciarle altra uiuanda. dicesi che la gran Madonna nel lasciar la gran Donzella esclamò; uolesse quel Christo al qual ci hai conuertiti, che la mia anima: fusse nel tuo petto.

N e la partenza de i due si egregij, e si ottimi personaggi: la pia fanciulla orò a Dio, rengratiandolo del profitto, che le bonta de le sue clementie haueuano fatto ne l'alta coppia, per mezzo de le essortationi di lei. oltre di ciò le dimandò perdono del non hauer ella a lo incontro de i mali, che riem

LIBRO

piano la terra; dimostrato a la Sposa de lo Imperatore, et al Principe de i Caualieri i beni di che abbonda il Paradiso. Io disse Caterina, o padre eterno haurei doppo il discorso de le mondane calamità, raccontato loro minutamente le beatitudini del paradiso, se la conscientia non me lo hauesse vetato. ella me lo vetò per parerle presuntion di lingua, temerità d'ingegno, et audacia di spirito; il volere in ogni proposito introdurre il come sia il tuo trono, il come è fatto il tuo albergo, et il come è grande il tuo essere. io per me Signore disputai con il gran collegio de i sapienti, perche tu me lo inspirasti; e non perche io me lo presumesse. e però tutto quel, che esposi de la verità somma, fu di tua gratia, e quel tanto ch'io ne ignorai, di mia cecità. conciosia, che il parlare non può esprimere ciò, che lo intelletto non comprende, et ancho non è lecito il farci familiare il nome di te Iddio, come ci faciam quello di noi persone; credendoci, poi che la mansuetudine tua ci fa dono di proferirlo, che proferendolo, siam degni di hauerlo proferito. basta che lo esplichi il core, e che egli solo mentouandolo seco s'intrinsichi, seco habiti, e seco viua. Io o Christo da che viddi le vecchie, e le nuoue sacrosante scritture; mi sono sforzata di viuere con lo essempio, che ci dimostri ne l'un testamento, e ne l'altro. e perche essi non contendano insieme con il loquace de le dispute; parmi pietoso officio il racquetare l'altrui quistioni col taciturno del silentio. Il non hauer tu m'hai voluto notare ne la moltitudine de i volumi, le opere con cui salui, e reggi l'anime, et il mondo, et il non trouarsi, che i tuoi Apostoli habbin sudato per lasciar la infinità de i libri; ma solo nel nome del padre, del figlio, e de lo e de lo spirito santo predicarono il tuo euangelio; mi tien ammonita che tanto ardisco a fauellar di te, quanto mi permetti ch'io ne fauelli: e però ne la conuersione di quei due, che per gloria tua in ogni cosa difficile terran sempre la mente intera; ho solamente accennato ciò che è costassù. conciosia, che ogni uolta, che la purità de la fede riduce le menti ne le simplici sincerità sue, gli animi de i credenti non pur son capaci del gaudio de i beati, e del contento de gli angeli; ma discernano con certa uisione il mirabile, lo stupendo, lo incomprensibile, il superno, lo immenso, e lo immortale de la tua incircunscrutabile essentia.

Penetrò la calda, la humile, la fedele, la religiosa, la pia, la pura, e la semplice oratione di Caterina con il suo semplice, puro, religioso, fedele, humile, e caldo zelo; tutta l'aria, tutti i cieli, tutte le stelle, tutti i pianeti, tutte le sphere, tutti i segni, e tutti i circoli; onde risonando intorno a le orecchie del Creatore ottenne gratia, che la bontà di lui accettato il core de l'ancilla sua; conuertisse uno de i nuntij santi in Colomba sacra, acciò che portasse a la sposa de Christo il pane cotto ne i puri fuochi del Cielo. per ubbidire il messo diuino, al Padre onnipotente, si tolse da i theatri empirei in forma di Spirito santo, e tenendo la uiuanda immortale in bocca: i raggi di cui egli era cinto, e de i quali si fece adorno, sparsono l'aere di miche di fuoco aureo. intanto il candore de le sue penne, e la bianchezza de le sue piume rilucevano d'un colore, che auanzaua il lustro de lo auorio terso, et il uiuo de l'argento forbito, come le cose diuine auanzano di pregio le humane. discese l'uccel superno a la prigion di Caterina con girar lungo, e con

L

rotar largo, e balenando ne lo istesso lume; le pose in grembo il prandio recatole dal paradiso al qual salì, con la uehementia, che egli ne scese. ma la Vergine rasserenata da l'angelico splendore, nel rompere il digiuno con il cibo pretioso, che le mandaua il Signore sentì con, che tempre l'anima si alimenta ne i conuiti del suo fattore; e mentre gustaua del conforto, che nutrisce i beati in Cielo; ecco il carcere che si allarga, s'alza, e s'allunga come si allungò, si alzò, e si allargò; ne le solennità del suo sponsalitio. rimase Caterina ne la uisione del miracolo confusa, e attonita, peroche l'attioni di Dio confondono ogni core, et ismarriscono ogni mente ne la maniera, che tutte le uiste, e tutte le luci si smarriscono, e si confondono nel uolto del Sole. ma doppo lo allargarsi, doppo lo alzarsi, e doppo lo allungarsi de la prigion di lei parue, che il pianeta maggiore si trasferisse con tutto il folgorare del lume, che l'arde in cotal luogo; entrando ne la larga, e ne l'alta, e ne la lunga stanza nel modo, che escono de le fornaci infocate, i nuuoli de le fiamme accese. nel riempirsi ogni cosa di luce chiara, e lampeggiante, sentissi il mormorio dolce, et il batter soaue, de l'ali di molti Arcangeli sostenenti Christo assiso nel solio de la gloria. cadde la buona Vergine nel tremante de lo stupore con cui le percosse l'animo la mirabil presenza del Saluatore; da le sante labbra del quale sonar parole, che dissero conosci figliuola forte il tuo Creator pietoso, peroche hauendo tu per il suo nome dedicato il corpo, et il sangue, e l'anima ad ogni esquisito martiro sara sempre teco; si che non temere. così le parlò il Redentor sommo, e sparue; onde Caterina disse in uoee chiara ; o eterno conoscitore de le cose occulte , e giudice uero di quelle che ti son note inanzi che elle sian fatte da, che il morir per te , è salute di colui che per te more , fammi gratia , ch'io proui tosto quella morte , che dee registrarmi nel libro de i martiri tuoi però , ch'egli è meglio di essere uccisa dal coltello de gli huomini anchor , che non fusse in seruigio di Dio , che peccare nel conspetto del Signore .

Dapoi , che Porphirio , e la Imperatrice hebbon riceuute ne i lor cori le parole di Caterina ; non mangiar piu il pane de la impietà , ne piu beuero il uino de la nequitia ; e per che i ricordi de la gran Vergine radolciuano le anime sparte di amaritudine ; gli spiriti loro nel rimembrar de i suoi detti , prouauono un piacere , che gli passaua con la manna del conforto dentro a le uiscere . e sì come gli altrui uolti ueggon se stessi ne lo specchio de l'acque pacifiche , così la gioia che sentiuano per la nuoua conoscenza di Christo , gli appariua nel sembiante . il Vento sparge il fume del fuoco , e la fortuna disperge la schiuma del mare con meno impeto , che Giesu , e la fede non disperse , e non isparse dal seno di quella , e dal petto di questo . la riuerenza , e la memoria di Massentio , e de gli Idoli : onde le orecchie , e ghi occhi de l'uno e de l'altra , non sapeuono piu udire , ne poteuano piu uedere cosa , che apartenesse ne a gli Idoli , ne a Massentio . eglino col tener fitto nel core il riccordo de le morti ; con il repentino de le quali abatono quegli accidenti pestiferi , che il mondo chiama allegrezze , andauano comprendendo parte de le incomprensibili miserie humane . e comprendendole , a onta de le uanita , che ci adescano ridussero

L ii

le lor persone, e le lor gole ne l'honestà de gli habiti, e ne la sobrietà de i cibi, quegli ornamenti d'oro, quei fregi di perle, e quei groppi di gemme che pur hora in uirtu de la gratia dolce, ch'esce da lo splendor, che gli fregia; gli insuperbirono con la uaghezza de la pompa; pareuano loro spine, aghi, e stecchi i quali gli pungessero, gli forassino, e gli trafiggessono, le carni, il core, e l'anima. onde con secreta limosina ne dispensar gran parte ne i poueri di Christo. la cui gratia gli infondeua ne lo intelletto fede, ne la memoria speranza, e ne la uolontà caritade; tal che cercauano di amare Iddio con un modo da non poterlo amare con piu uehementia, ne con maggior qualità di zelo. certo essi lo amauano di sorte, che tutti i pensieri, tutti i concetti, tutti gli intenti, tutti i desideri, e tutti gli ordini loro. Veramente, piamente, prudentemente, religiosamente, e magnanimamente si riferiua in gloria di lui; ne si satiando mai di contemplare il Cielo; diceuano tra lor medesimi, che chi lo mira spesso si ricorda del giudicio di Dio, e ricordandosene si guarda di peccare.

P arue a Porphirio (alterezza de la militar gloria) di procacciar serui a Christo et merito a se; e parendoli di farlo, pregò prima il Signore che gliene desse potere, e poi si mise a la esecution di ciò con tutto quello ardor di affetto; che puote promettere il leal d'un petto, et il sincero d'una mente. egli haueua a la continua guardia de la sua eccelsa, illustre, e chiara persona ducento chiari, illustri, et eccelsi Caualieri; la strenua bontà de i quali lo teneua piu caro; che per esser spetie di felicità non tiene il corpo la sanitade. e perche eglino uenerar sempre la pietà, e la giustitia che

TERZO

anchor esso Capitano uenero ogni hora, erano amati da lui con l'affettione, con la quale altri suole amar se stesso; e però egli confidando ne la gratia di Dio, ne la authorita, sue e ne la benignita di tali: se ne andò a loro, e ridottogli con la solita modestia, in luogo atto a l'occulto del parlamento, et capace al secreto de la udientia, disse loro

D a che l'amicitia è una somma beniuolentia, et una somma concordia tanto de le cose humane, quãto de l'attioni diuine: parmi di mio ufficio hauendoui io ne le occorenze terrene sempre supplito con la beniuolentia, e con la concordia, con cui si supplisce a gli amici; il non mancarui al presente di supplimento ne gli interessi celesti, le conditioni de i quali, ui debbono esser piu a core, che quello honore che fino a qui hauete preposto a la uita; peroche si estendono sopra ogni altra importanza, come il Cielo s'auanza sopra la terra. ma per ch'io in ciascun fatto mi son preualuto de i uostri studi, de i uostri ingegni, de le uostre forze, e de le uostre opere. è lecita cosa, che ognun di uoi si preuaglia de i miei ricordi, de i miei consigli, de le mie carita, e de le mie auertenze, il zelo de i cui debiti ui ramentano, ui confortono, ui pregano, et ui amoniscano a seguir me, nel conouscimento di Christo; con quel core, che me hauete seguito ne lo essercitio de l'armi però, ch'io terrei indegnita de l'amor, che ui porto, et ingratitudine de l'obligo ch'io ui tengo, non partecipando insieme con uoi del thesoro, del fausto, e del gaudio, che ui riserba la bonta, la potesta, e la uerita sua. si che amici dilettissimi disponeteui generosamente a la credenza di lui, se uolete uendicarui il uero titolo de i forti. conciosia, che altra ardire sara quello, che

L iij

LIBRO

dimostraranno le nostre anime in trascendere dal mondo a l'aria, da l'aria al Cielo, e dal Cielo a Dio: che non è suto quel che han dimostrato i nostri corpi in trappassar da l'Occaso a l'Occidente, da l'Occidente a lo Aquilone, e da l'Aquilone, a lo Austro. oltra di questo egli è meglio lasciarsi uccidere d'altrui per lo acquisto del regno eterno, che ammazzar altri per il dominio d'un Imperio breue; dipoi chi sa morir per Dio, sà uiuer per se, e chi sa uiuer per se, in Dio uiue; testimonio lo essempio di Costo gia Re preclaro, et hora santo ammirabile, la bonta del quale morendo egli nel tormento, debellò la morte. onde Iddio l'ha coronato lassuso di quel sempiterno lauro donato da la sua clementia a tutti quei commilitoni, che uincendo se stessi; appendano a le gran colonne del Cielo quelle spoglie, quei carri, quei trophei, e quelle armi, che la potente destra de la ragione ha tolto dal terribil dosso del senso. Ma io mi uergogno, et uergognandomene gemo, e gemendone ne chieggo perdono a Dio poi, che oltre al Re di Alessandria, tanti altri di noi men degni, e men graditi ci sono andati inanzi nel conoscerlo, nel confessarlo, e ne lo acquistarlo. ma perche il ben fare è sempre a tempo, uolgetiui tutti con gliocchi del uiso, e co i lumi de la mente al Signor de i Signori; ne la cui mano consiste il possibile di quei uisibili miracoli, che ardendo i sapienti di Cesare, et i serui di Caterina, non comportarono che il uigor del fuoco acceso facesse loro alcuna offesa. onde la morte gli fu dolce, come il sonno al chiuder de gliocchi bramosi de le sue giocondita placide; et a ciò nulla manchi a far fede di quel che puo Christo; ecco sana, e senza macula colei, che l'altrhie

TERZO

vi fu squarciata da i graffi, et rotta da le verghe in presentia del popolo, e di tutti voi. ella cibata del pane angelico tutta splendida, e tutta lieta schernisce il supplitio di quelle fami, con cui si pensa affligerla la maestà Imperiale. sì che a onta de gli Idoli (non atti a scemare a chi più gli crede, a chi più gli sacrifica, et a chi più gli adora, un minimo duolo) acendete et il torchio de la mente, et la lampa de lo intelletto, e la lucerna del core acciò, che il chiaro di cotanto lume vi cacci e dal core, e da lo intelletto, e da la mente le tenebre de la falsa credenza; nel modo che lho disgombrate io, che in virtu de Christo, mi vanto di farui rompere gli eserciti de gli abissi con altra palma, che non si rompano i campi de l'universo. per la qual cosa deuete riuolger l'animo a le sue bontadi, come io so, che ce lo hauete riuoltato; peroche essendo lamicitia una protetione, che la humanità de la diletione piglia de i buoni uoleri; nel farci conformi insieme: tra noi, che siamo la unione amicabile; non puo essere discrepantia di uolonta. e che sia il uero che bontà del mutuo nostro amore potiam chiamarci una cosa istessa ecco, che io risguardo la mia effigie in uoi, et uoi risguardate la uostra imagine in me; tal che uoi sete quel ch'io sono, et io sono quel che uoi sete, et essendo uoi me proprio, et in uoi medesimi; dieti credere che io per uoi desideri tutto quello, che per me spero.

C hi mai uidde un terreno mollemente acquatico, il quale zampilla fuor l'acque ouunche altri il tocca; uede i riui del pianto, che ogni parola di Porphirio trasse da gli occhi, de i suoi ottimi caualieri: e trahendogliene ne la guisa de la comparation predetta, col mirargli nel fronte gli scorse

LIBRO

Christo ne l'animo, benche il lor core, che il fece confessare a la lor lingua; fu cagione che egli ne lagrimasse con isuiscerata dolcezza, e mouendosi ad abbracciar questo, e quello; si congratulaua con questo, e con quello de la guadagnata salute; dicendo hora si fratelli, ch'io son sicuro: quando sia che noi periamo nel conflitto del martirio (che piaccia al Signore che ne siamo degni) di essere compagno uostro ne la sotietade eterna. io non ho piu dubbio che i nostri spiriti non permanghino nel sempiterno consortio con diuina letitia; si che esultiamo con la speraza di ciò in Christo Giesu, da che le sue pietose misericordie non ci faran piu temere le fermezze del Destino, le uarieta de la Fortuna, le inclination del Fato, e le particularita de la Sorte, et gli accidenti del Caso. cosi disse Porphirio, et andossene a le cure impostegli da Cesare però, che altro era il gouerno lasciatogli, et altro la religion presa egli; che fu sempre colmo di humana compassione, osseruaua con tanta gratia il decoro del uece Imperadore, che parea proprio ch'ei fusse nato per regnare, e per dar legge. il giusto huomo esseguiua si realmente gli atti de la equita, et gli uffici de la clementia, che i popoli che lo inchinauano come Massentio; porgeuano prieghi a gli Iddij, perche egli restasse loro in Principe. ma il gran Signore, che non era piu del mondo fuggendo il mormorio de le lode, e la grandezza de gli honori, solo cercaua il colloquio de i suoi, et ogni uolta che se gli uedeua inanzi, se ne rallegraua, come si rallegra il creditore ne lo incontrar coloro, che gli debbono dare; peroche esso si pensa di hauer comprata la lor beniuolentia con la pecunia cresciutagli, et i buoni Caualieri non altrimenti diueniuano

TERZO

lieti nel contemplar lui, che si diuenghino quegli, che intoppono colui, che gli ha dato la liberta, o la uita. intanto eglino nel fuggir la odiosa compagnia de i uitij, pareuano piu tosto persone religiose, che genti militari; ne mai da che gli huomini uestirono l'armi fur soldati, che hauessero tanta auuertenza in far bene, quanto hebbero loro: e sopra tutto guardauansi di far uiolenza a i poueri, peroche è pur troppo lo esser uiolentati da la miseria, che gli consuma. onde Iddio giudica la causa loro, affligendo l'anima di chi gli afflige lo spirito.

Intesa Caterina per riuelation diuina la conuersione del bel numero de i Caualieri; disse, o Iddio spirito de le mie parole, mente de i miei pensieri, conforto de i miei sensi, giocondita de le mie speranze, diletto de i miei uoti, letitia del mio core, et uita de la mia anima; io ti prego per quella fatica, e per quel pericolo, che ne i tuoi seruigi non è mai per ispauentarmi, ne mai per isbigotirmi il corpo; ne l'animo, che indugi in far di me la sperienza, che io bramo fino a tanto, che mi basti a procacciarti quaggiu serui, e costassu anime. pregoti anchora che si fornisca di indurare il petto di Massentio; poi che da la impieta del cor suo dipende la saluation di molti. nel fine di tali parole lodò tra se stessa la integrita de la fede di Porphirio; ma perche ella parlò in uoce chiara, et ispedita; I guardiani del suo carcere, i quali oppressi dal sonno con cui gli legò la uolonta di Dio, non uiddero entrare, ne uscire ne la prigione, che essi custodiuano, ne il Capitano, ne la Imperatrice; udendo nel dir, che ella fece il nome di Porphirio, e de i suoi: cominciarono a considerare l'harmonie udite, le soauita gustate, e gli splendori ueduti, oltra di ciò riguardauano seco medesimi la Vergine uiua senza cibo, e guarita senza medico: et essendogli testimoniato da gli occhi propri la uerità del miracolo, doppo l'essersene molto marauigliati, molto stupiti, e molto ammirati; commossi dal pianto de la compuntione gridarono, o Caterina a Dio diletta, et figliuola benedetta, chiedi gratia a lo Iddio tuo, che ci faccia degni, che noi lo seruiamo in uece de gli Idoli. udendose cotale esclamatione da la santa Vergine gli fece uenire a sè, e confortatigli ne la fede, orò per loro: dipoi gli riceue nel colleggio de i familiari di Christo signore e saluator nostro.

Nel conchiudere la Imperatrice prestante, e Porphirio prouido di uisitare la seguente notte Caterina illustrissima; ecco che intende la maestà di lei, e la eccellenza di lui il ritorno di Cesare, onde fur soprapresi da quel conturbamento, che ingombra l'animo, e le uiscere di colui, che temendo brama, e bramando teme. eglino scotendosi tutti sentiuansi palpitare il cor nel seno sembrauano persone entrate a uarcar col noto uno assai lungo spatio di mare; le quali anchora, che habbino una franca uolontà di passarlo, son però sbigottite dal non credersi, che la lena basti lor tanto. Mentre la gran coppia si staua pensando a quel, che haueuano deliberato di patir per Christo, si uidde comparire molti de la Imperial famiglia; e doppo loro udironsi quei medesimi suoni di trombe, e quelle istesse grida di genti, che si sentirono partendo Massentio. in somma Cesare ne uiene a punto quando si credeua, che la maestà sua stesse ancho un tempo a tornare, peroche la tirannia, con la quale lo appetito de le uolontà signoreggia gli animi de i gran prin

TERZO

tipi è molto maggiore, che non è quella con cui l'auaritia de la superbia loro predomina i popoli, che gli ubbidiscono. ne prima gli cade nel pensiero il desiderio di quella cosa, e di questa, che essi si adirano fin con lo indugio, che gliene ritarda. si che non è marauiglia se Massentio fu prima in su le porti d'Alessandria, che si fosse presentito il suo ritorno; onde Porphirio montato a cauallo, con tutta la guardia sua, andò a rincontrare la Cesarea persona, et uedendola poco lontano a se, discese in terra, e caminato alcuni breui passi le basciò il ginocchio con lieto uiso conciosia, che il suo uecchio debito non haueua, che fare con la sua noua religione. la lealta, che si richiede ne la amministrationi de i trauagli humani, è differente da la fede, che si appartiene a gli interessi de la cultura diuina. egli ritenendo in se stesso la memoria de la perminenza da tagli da lo Imperadore, odiaua la legge di lui, ma non ispregiaua la grandezza de i benefici da lui riceuuti, che egli ben sapeua che il uitio de la ingratitudine è piu in dispetto a Dio et al Mondo, che dal Mondo, e da Dio non aborrita, e dannata la iniqua sconoscenza de gli ingrati.

Giunto Massentio al suo real palazzo, i Signori i quali con il capo ignudo corsero a tenergli la staffa, et a sostenergli la persona nel dismontare, paruero proprio cioche in simile atto haueuano apparere. disceso Cesare del cauallo, ascese le scale de la maggione degna, onde la Imperatrice uenne a lui, accompagnata da poche, et abiette donzelle; pero che la bonta sua l'haueua talmente fatta scordare de le degnita proprie, che ella comparue dinanzi al marito piu tosto a la conditione d'una serua, che in grado d'una Imperatrice.

rotal donna gia clarissima in Christo, ne lo inchinarsi al conspetto di Augusto versò gran copia d'acque dal fonte del uiso; ma fu uana la credenza che si hebbe, che ella piangesse per letitia del suo ritorno, peroche si fatte lagrime nacquero dal peccato, che le parue commettere nel fare a Cesare gli honori, che si debbono a Dio. abbracciolla Massentio, et abbracciandola, le trafisse con i rimorsi de la conscientia tutte le uiscere; peroche non altrimenti il collo di lei, riceuè i complessi reiterati, che se le braccia maritali fussero state quelle de l'Angelo piu crudele: et ciò le auueniua perche ella haueua hormai ridutta la carne in seruitu de lo spirito. ella doppo le sforzate cerimonie se ne tornò in camera; e benche fusse donna posta ne la sublimita de la Fortuna, tale si staua, qual si stanno l'ancille di colui; che guarda le superbie da lungi, e le humilta da presso. e perche ne le opere del Signore trouiamo la glorification sua, e la regola del uiuer nostro; andaua ogni hor contemplando con la mentale consideratione in che modo le misericordie humane, conseguiscano le diuine compassioni. ma per esser meglio il mancare di sapienza, e d'intelletto, e temere Iddio, che abondare d'intelletto, e di sapienza; e non temerlo; ella nel conoscer di non possedere il dono di quello, ne la gratia di questa; per supplire a ciò uiueua nel timor suo, con quel zelo col quale deurebbe hauerne temenza ognuno.

A pena Massentio Cesare haueua fornito di curare lo sua eccelsa persona, che uolse che al suo conspetto fusse menata uiua, o portata morta Caterina uergine. e per parergli cosa impossibile, che il tormento, et il digiuno non l'hauessero

TERZO

consunta, et estinta; pensaua piu tosto di uederne il cadauaro, che la presenza. Fu ubbidito il suo uolere, et andate di molte fiere genti per lei; doppo breue interuallo la conduſſero a lui; ma egli uedendola riſplender come stella, rilucer come Luna, e lampeggiar come Sole; diuentò del pallor d'un, che teme, del color d'un, che langue, e del tremor d'un, che arrabbia: e cieco al lume de i diuini miracoli; il medesimo stridor di denti, che deueua udir ne lo Inferno; fece sentire a i circunstanti. ma perche l'ira che lo conuerſe ne i suoi furori, non gli laſciaua eſprimer parola: ſimigliaua uno di quegli, che auanza gli altri nel corso, il quale giunto al segno tutto anhelante, non può quetare il fiato; non che formar la uoce. ma poi, che ha ripoſti gli ſpiriti a i luoghi loro con la ſolita pace, ſcioglie la lingua, come ceſſata la colera, che lo comuinſe la ſciolſe Maſſentio: l'arrogantia del quale diſſe, non il tuo Dio Caterina, ma i noſtri huomini ti hanno proueduta de le medicine, e de i cibi; e però ſei quel ch'io non credeua, che tu fuſſe. ma giuriamo per quella proſpera felicità, la quale mercè del ualor noſtro; ci fa inchinar da i popoli con immortal conſuetudine, che le pene di chi ha cauſato ciò, aguaglieranno i falli in ciò commeſſi. Adunque ſon uani, adunque ſono indarno, adunque ſon nulla i comandamenti, le uolontà, et i riſpetti di noi, che imperiamo, perdoniamo, e puniamo con aſſoluta poteſtade?

T accuaſi Maſſentio quando la Vergine piu ſicura, piu gratioſa, e piu modeſta, che mai: riſpoſe rimouete o Ceſare la falſa oppenione dal cuor uoſtro conciòſia, che non i ſerui di uoi, e non gli aiuti d'altre perſone mi han ſanata; e cibala; peroche l'unguento, et il pane, che fece, e fa il prò, che si uede a le mie carni, et a le mie fami, è di compositione celeste, e di sustantia diuina; e la mano de la misericordia di Christo ordinò quello, e spianò questo. io fauello il uero; peroche non è inganno ne i fedeli di Giesù, la bugia non è materia da le lor lingue, ne saria accettata da le bocche di tali, e la fraude non si troua tra le labbra loro. cosi parlò Caterina a lo Imperadore, et egli a lei che cianci tu femina di uerità, o di menzogna pensi tu, che per noi non si stimi, e non si sappia la maluagità di coloro, che lasciammo in guardia de la prigione tua? certo noi la sappiamo, e la stimiamo; e perche appaia, che il nostro non è un uaneggiar signorile; uenghino hor hora qui i trasgressori de gli ordini impostigli da lo Imperador del mondo, da Massentio inuitto, e da Cesare sempre Augusto. uenghino adesso adesso a noi replicò egli, accioche la presuntion de i serui, impari a temere non men l'assenza, che la presentia del Signor suo. io non so se mai schiera di gente armata si partì dal Duce, che le comanda con uolontà di accrescere a lui gloria, et a se fama; ne la prestezza, che mosse la brigata di Massentio per conducergli inanzi gli innocenti, et i buoni guardiani e del carcere de la Vergine, e da le anime di lor medesimi. ma intratanto che essi tardauano a menargli; disse Cesare a Caterina, ei ci pare quasi piu empia cosa, che il placido de la natura nostra ti indugi il meritato gastigo, che il tuo continuar di errore; tal che ci marauigliamo de gli Iddij, che te lo comportano, e dogliamoci di noi, che pur gettiam uia il tempo in pregarti, che tu manchi de gli incantesimi: per cui te ne uai a la morte,

TERZO

e con cui conduci a morire altri. ma perche replicar noi quel, che ti hauiam piu fiate detto? e perche non punirti al presente di quel, che ti puniremo poi? certo egli è dato da le stelle il nostro serbarti ne l'ultima giustitia, et è uolonta de i Fati, che cerchiamo di conuincirti con le essortationi fino al fine de la tua fine. non puote risponderghi la Donzella pura, peroche il sopragiugnere de i guardiani miseri nel corpo, e felici ne lo spirito, non gnele concesse.

Nessun ladron mal concio, ne uerun traditor mal trattato, si aguagliò mai a lo stato; nel qual comparirono a Massentio i custodi de la soprana Vergine; peroche il popolazzo inteso il fallimento imputatogli da la falsita de la calunnia; gli squarciò i panni, gli affranse il uolto, e gli pelò le barbe con popolar furore. ma essi constanti ne la fede, indrizzato il core a Dio non dando niuna cura de gli stratij fattigli; tali ne ueniuano a lo Imperatore, quali a lo Imperadore erano menati, et egli scorgendogli di lontano torse il guardo, e la faccia; ne le guance de la quale riuerberauano i fuochi, con cui lo sdegno del core gli ardeua la terribilita de gliocchi. intanto la legata, e la schernita gente, ueduta quella uenerabile fanciulla, che amaua il Saluatore con tutto lo intento, con tutta la mente, con tutto il core, con tutta l'anima, e con tutta la uita; in mezzo a i nimici di colui, che affisso in croce sconfisse le potestadi aeree; se le gittarono a i piedi con dire o tu, che solo co i preghi moui il solo Iddio, e solitaria ottieni la compagnia de gli angeli, raccomandaci a le misericordie di Christo, et ella a loro, cotesto non farò io concio sia, che facendolo usurparei il pregio del uostro martirio; la cui fortezza puote con la bontade sua, piu che non possono le mie intercessioni. Qual si fece Massentio nel uedere in presenza sua, in casa sua, e da la famiglia sua adorar Caterina, e sprezzar se pensilo colui, che ha l'animo alter, et iniquo, e la potestà tirannica, e crudele. egli stette due, o tre uolte per auentarsigli adosso, e far di loro ciò, che fanno i Leoni, de i Cerui: ma se ne ritenne per non uituperare le degnita de la sua degnitade. esso furiosamente infuriato, lasciò alquanto racquetare in se stesso il combatimento de l'iracundia, e racquetata che ella fu disse adunque uoi, che sete feccia de le brigate nostre, et indegni di guardarci in uolto; hauete hauuto ardire di porgere, o sopportare, che altri porga le medicine, e le uiuande a la peruersa, et ostinata nimica de gli Idoli?

Vedendo ciò le conuertite persone, risposero così uiua la nostra anima: come noi non hauiam dato, ne consentito, che altri dia nel medico, nel cibo a Caterina, e perche si creda, che ciò non si dica da noi per temenza de la morte, confessiamo in publico quel Christo, che confessammo in secreto. ma chi non lo hauria confessato nel uedere le marauiglie, de le quali è sempre adorna la prigione, anzi il Paradiso di Costei? gli occhi nostri Cesare (benche indegni di comprendere cotanti miracoli) sperano comprendergli in Cielo con altra uista, che non gli hanno compresi in terra. si che altro medicamento, et altro nutrimento è suto quel de la Vergine che non si stima. non si curano le piaghe, e non si satiano le fami come si son curate, e satiate le fami, e le piaghe di lei, Iddio è stato l'autor di ciò: però che egli solo trapassa la grossezza de le mura, col penetrabile de
la sua

la sua uolontade, non bisognano chiaui a gli introiti suoi
ne l'altrui porte, si che da che s'e intesa la uerita da noi, bor
auenga, cioche si uole di queste uite, che altro non bramano
che finire i dì loro in Dio. nel cosi dire di cotali huomini:
Massentio piu setibondo del sangue de i christiani, che non
è famelico il ricco de le carni de i poueri, leuata la faccia in
alto disse (aditando i guardiani) che ui pare Iddy di costoro?
e rimandando giuso il uiso soggiunse, costoro, che ci sprezzo-
no son degni di molti supplity, e però comandiamo, che doma
ne in su gliocchi di Caterina riserbata da noi (come hauiam detto a l'ultimo tormento; per fatul consenso) sian di-
uisi i fraudolenti, e parte se ne ponga in una botte armata
di punte di chiodi, e parte se ne chiuda in un uaso di rame
atto a diuentar di fuoco e tosto, che son precipitati quegli,
abruscinsi questi. Data la horribile sententia il romor di
ciò fece udirsi di fuora; onde i cerchi de le turbe cominciaro
no a dimostrarsi per tutto non senza bisbiglio di molti,
peroche pareua a gli Alessandrini cosa empia il ueder correr la bellissima citta loro tutta uia di sangue humano: e
ciò aueniua perche gli habitanti nobili di si chiara terra
erano auezzi a udire, et a uedere uoci di letitia, e fausti di
triomphi, e non sententie di martiry, e dispergimento di
genti. e perche l'amore, e non l'odio diletaua i migliori di
cotal natione; mal uolentieri sopportauano la strage, che la
inhumanita di Massentio faceua de i christiani. certo la sua
maluagita sotto spetie de la hippocrita protettion de gli Ido
li; manteneua la tirannitade di se medesimo reuerentemen
te, peroche la cultura de gli Iddy finti fu trouata da i Re,
e prosperando la dannosa consuetudine in gloria loro, ne fe-

M

LIBRO

tero legge, et imponendo nome incomunicabile a le pietre, et a i legni; introdussero il domenticarsi di Dio ne i popoli, la paura ne i buoni, la inclination ne l'anime, le mutationi ne le natiuita, la inconstantia ne i matrimonij, il disordine ne la pudicitia, la adoration de i brutti, e la causa d'ogni male. come si sia Caterina insieme con i condennati al martirio; fu restituita a la prigione usata.

R Itrouandosi Caterina con sì feruidi huomini nel carcere, ne lodò il Signore altamente, e lodatolo porse la manna de i conforti a i martiri di Christo non perche si fatte dolcezze gli bisognassero, ma per sodisfattion di se stessa. ella gli disse fratelli, e padri: gli disse fratelli perche trahevano la credenza da una istessa fede, e dissegli padri per seruare il decoro (occhio del giuditio) de la humilta di lei. padri e fratelli gli disse ella; la differentia ch'è tra il bene et il male, e tra la morte, e la vita è da quel, che foste già; e da quel, che sete adesso conciosia, che hieri erauate serui del peccato, et hoggi sete signori de la emenda: onde è ben uero, che le cose di Christo son dolci a chi le pensa, grate a chi le scriue, care a chi le cerca, soaui a chi le legge, sante a chi le troua, salutifere a chi le crede, mirabili a chi le ascolta, benigne a chi le prega, larghe a chi le chiede, stupende a chi le intende, e propitie a chi le adora. ma di tutto quello essempio di conuersione, che per uoi si lascia a coloro, che risguardando il tormento, il qual uolete patir per Giesu, a Giesu crederanno; ui premiara il datore de i beni degni di esser chiamati premij; peroche il grande Iddio obliga le sue immense generosita in malleuadore de i debiti, che hanno i giusti col prossimo: e per essere la dilettion del bene uita de i buoni; l'amore, che portate al ben fare è il uiuere, che ui acquista il morire in honore di colui, che per sua innata bontade uole, che la dote non che egli arrichisce l'anime; participi eternalmente de la sua eternitade. oltra di ciò colui, che ama Iddio, et amandolo il teme; ne le prosperita de i beni, non si scorda de le infelicita de i mali; e per l'opposito, ne la infelicita de i mali non si dispera de le prosperita de i beni. ecco uoi, che temendo Christo l'amate, ascendete dal martirio; al Paradiso. si che l'audatelo, peroche la uita lunga è come il peregrino destinato a fare un terribil uiaggio, e la corta simile a quello, che dee essercitarsi in un facil camino; onde schi fa tutta la fatica, che si pate, e tutto il pericolo, che si uede nel trappassare e monti, et alpi, e mari e fiumi, et boschi e selue, e campagne, e diserti. egli è chiaro, che chi porta i uoti non molto discosto al luogo, nel qual si fanno, piu tosto riceue il riposo. non incontra le turbe de i mali chi muor presto, non contrasta con lo stuol de le inuidie, chi presto serra gliocchi, non è oppresso da le schiere de i uitij, chi non tarda andarsene dal mondo. ma quando altro non ne risultasse a chi non ci sta troppo; non è assai il fuggire le angustie de la uecchiezza, i cui tarli diuorano la uita come la ruggine diuora il ferro? e però mi pare dono celeste il dispregiare il uiuere massimamente quando si muore in Dio, per Dio, et a Dio nel modo, che morite uoi: peroche chi more in se, per se, et a se; è a la condition de le frondi cadenti da l'arbore nel suo Autunno senza uerun prò.

Cosi fauellò Caterina, et hauendo fauellato in tal modo. mossa a pietà di quel, che faceuano patire i legami a le ma

LIBRO

mi, et a le braccia di coloro, a i quali ella haueua parlato: dimandò per gratia a Dio il disciogliersi di sì santi nodi, et vedendo cader giuso i lacci se ne rallegrò, accrescendo il gaudio ne lodore de la soauita, che nel portarle il diuino messo, la immortal viuanda si cominciò a far sentire. Venne l'Angelo a lei con risulgente copia di splendor superno, e per consolare i martiri del Signor suo, gli diede il saluto de la pace e sparue. onde eglino benche fussero indotti; ne referir gratie al Creatore con parole grauissime, altissime, e santissime; peroche Iddio aiuta a esprimere i concetti loro a tutti quegli, che fauellano di lui. ma la Vergine, che sapeua di qual sustantia, e di quanta virtu sono i cibi, che si mangiano ne i sempiterni conuiti; fece gustar loro; di quegli, che in lor presenza le fur recati di lassuso, et essi tosto che gli assaggiarono; sentir recrearsi talmente l'anima con ciascun suo spirito, che obliata la essenza de la carne; si disgregaro in modo dal mortal di lei, che temerono che la passion del martirio in tutto spregiata da loro non fusse poca, o non acetta. intanto giugne l'hora del conflitto di tali, onde ecco comparire a la prigione le turbe, et a le loro orecchie i gridi, che gli chiamauano al supplitio prescrittogli dal dono di Dio, e confermatogli da la impieta del tiranno. ma essi udendo ciò; ne lodorono il Signore con dirgli; eccoci preperati a passar con la uita nel mezzo de la morte; peroche siamo certi, che l'honestà del fin nostro; ridonda in gloria de la vera fede tua. onde per noi non si ua secondo il corpo, ma si camina secondo l'anima. nel così dire eglino, à tumulti, e le turbe entrarono nel carcere, et uedendogli sciolti de le corde de le quali fur legati sì, che esse gli reci-

dessero; se ne stupirono; come ancho si stupì ciascuno de
le catene, di cui essendo piu uolte cinta Caterina, sempre
ne fu trouata senza conciosia, che Iddio forse uoleua, che
ella nata di Re, non morisse come serua.

Era in quel tempo in Alessandria una rouina antica mirabilmente grande, e grandemente mirabile; e per quanto ne
parlaua la fama; in cotal luogo soleua essere l'habitation
regia del magno Giouane di Pella: il cui soprano ualore
correndo da i uenti anni, a i trenta; fece suddito a sé quasi
tutto l'arbitrio de l'uniuerso. Ne lo edificio ch'io dico si leg
geua in buona parte d'un fregio, il nome del grande Aless
sandro fondatore de la detta città. e perche gli anni, et i
secoli, mettendo insieme le forze, e de i secoli, de gli anni
l'haueuano ridotto in reliqua de la memoria, et in espettaco
lo del tempo i fusi de le colonne rotte, i torsi de le statue
spezzate, et i fusi de i colossi abattuti; si stauano fermi do
ue il caso gli haueua in quà, et in là sparsi; e ritenuti. tal
che si uedeuano solo i uestigi di quel, che i colossi, le statue, e le colonne sendo intera la machina poteuano sostene-
re, adornare, et eriempiere. ma perche le calcine le
quali teneuano ferme le pietre rotte, et i sassi crudi, per il
lungo uolger de i giorni, e per lo spesso uersar de le piogge,
eran conuerse in una materia, che rimescolata con le polueri, non solo pareua terra, ma come terreno rendeua humore. spuntauano da i lati del guasto theatro di molti serpi
irti, et horridi; non mancando però l'hedera de i soliti ab-
bracciamenti con le uecchie muraglie; ne manco i cespugli
de l'herbe di pendere da questo, e da quel marmo, quadra-
to; ne tra quello, e questo sasso concio. ma oltra le altre ma-

rauiglie, che iui di se anchor mostraua l'Architettura, si uedeua una scala ordinata di moltissimi gradi di Porfido si forbito, e si liscio da la frequentia de i piedi di coloro, che mossi da la uaghezza del uedere la saliuano, e la scendeuano, che con istrana difficulta si poteua scendere, e salire: in cima al gran numero di si fatti gradi era un largo spatio di sala molto ben sostenuta da la fermezza di alcune colonne di altissimo, e di grossissimo granito; tra il uano de le quali si andaua dentro, e fuor de la loggia loro. ma ogni altra marauiglia era anullata da la superba uiuacita d'un monstruoso Caual di bronzo, il qual posaua sopra un possente pilastro di terribile pietra con tutti quattro i piedi: ma in atto, che mostraua di uolergli con un salto leuar da terra tutti quattro a un tratto, et in cotal mouentia, ueniua ad abbassarsi con si natural modo, che a chi lo guardaua, pareua tutta uia, ch'ei si lanciasse in alto; intanto le groppe sue discopriuano quei muscoli dolci, e grandi, che si ueggano ne i corsieri braui quando il rincularsi indietro con teste orecchi, gli fa alzare il capo; e borsando, e ringendo con le nare gonfiate, e con la bocca aperta eleuando i crini; riempiere, e cingere di uene, e di nerui il corpo, e le gambe. il simulacro, ch'io dico era la imagine di Buccifalà; dedicato iui dal Re Alessandro figliuolo di Philippo di macedonia, in gloria de lo animale famoso per il corno, che teneua in fronte, et ammirando per i piè, ch'egli haueua humani.

▲ l luogo predetto fur menati i santi presati; ne prima giunser iui, che si uidde uno ampio doglio suffilto di punte di ferri crudi; ma composto in maniera, che si apriua, e serraua

TERZO

con facile destrezza, viddesi ancho l'ordine d'uno aspro fuo
co; peroche da la cima de la descritta scala si haueua a pre=
cipitare il uaso con parte de i martiri dentro, et il resto, de=
ueuansi rinchiudere nel concauo de lo eminente Bucifalà;
acciochele fiamme ardenti gliene distruggessero nel uentre.
Hor su disse Caterina nel uedere spogliare i gia guardiani
del suo carcere, et hora fratelli del suo spirito, ecco che la
gratia del Signore ui chiama a sé, ecco che la salute uo=
stra è uicina a la speranza di uoi, come uoi sete discosto al
supplitio, al quale anch'io mi uado appressimando. Adun=
que siate constanti ne la fede: peroche le acutezze de i chio
di saranno piu dolci a l'anima, che offerirete a Christo, che
amare a la carne, che lasciarete a Massentio. il coltello che
taglia, e ferisce l'huomo non gli ferisce, e non gli taglia
l'anima; peroche ella è simigliante al raggio del Sole,
che da nissun colpo di spada non puo esser tagliato, ne feri
to; si che dimostratiui a Christo con la uolonta patiente.
mentre la Vergine disse loro si fatte parole; lo istrumento
di legno tempestato di punte tremende, fu tirato in capo de
la lunga scala; e per ageuolar piu la salita i carnefici
sparsono prima di rena poluerosa i gradi, che si calpestono,
e poi condussero il doglio co i martiri ne lo spatio, che
era sopra l'hedificio. tosto che fur lassuso, i manigoldi ris
serrar nel uaso i piu, che mai feruidi, et i piu che mai forti,
et i piu, che mai fidi huomini di Giesu: e benche la carne
loro nel sentirsi traffigere deuessi contorcersi tutta nol fe
ce gia; ma drizzato il core a Dio patiua, e taceua, e tacen
do, e patendo sentì doppo l'esser rinchiusa nel doglio; st in
gnersi giuso in presenza a molta quantita di ciurma, et nel

M iiii

conspetto di poca moltitudine d'huomini: e per uno che uocife
ferasse con riso de i salti, che esso faceua nel uenirsene a bas
so, cento ne esclamauano con uista piangente; peroche si co
me ho detto cotanta, e si continua crudelta era uenuta in
odio a i migliori. ma in che modo, et in qual guisa lo acu
to de i chiodi conciasse iriserrati fra loro; il potè giudicare
chi uidde in qual guisa, et in che modo lo ismesurato do
glio nel suo pricipitio si bagnò del sangue innocente. e
perche egli conquassato da lo speseggiare del suo ripercote
re hora ne l'uno, et hora ne l'altro scalone si sgangaro
forte: giunto in terra; nel ritener lo impeto de la ueloci
ta; che il mouea si disfece tutto; tal che si uiddero come i
morti erano crucciati, e trafitti. Veramente che eglino cac
ciati de la uita per uia de si crudel tormento; lasciarono a i
buoni un lucido essempio di fede, di uirtu, di bonta, di
patientia, e di fortezza.

E seguito il martirio di tali, gli altri fur posti dentro a lo am
pio uentre del gran Cauallo; la uiua forma del quale era ser
bata da gli huomini per miracolo de l'arte di Lisippo, e non
per esercitio de la crudelta di Massentio. ma nel riserrarsi di
quella parte per cui si entraua ne la cauerna del suo largo
corpo; gridò Caterina con uoce cordiale, tenete pur l'ani
mo in sul freno de la patientia, tenetecelo fratelli: ricor
dandoui doue foste, doue sete, e doue andate; peroche
noi foste nel peccato, sete ne la gratia, et andate a la glo
ria. ecco che Christo ui ha ridotto il fallo de la bocca, lo
error de l'opera, et il delitto del core in emenda, in cari
ta, et in lode. la sua misericordia ui aperse le porte del
petto col beneficio, e con il consiglio; accioche noi illustras

se, nobilitasse, et adornasse la vita nostra, il corpo nostro, e l'anima nostra, e con che? con gli essempi co i miracoli, e con la santita; adunque patite per non hauere a patire, e morite per non hauere a morire. mentre la Vergine usaua si fatti conforti a i martiri il fuoco, che s'accese sotto al Cauallo subito, che ci fur serrati; cominciò a riscaldargli pur troppo fieramente, et ella che ciò vedeua rinouaua l'esclamationi dicendo, aih gloriosi amici di Giesu; chi è quello hormai, che ui aggiunga col merito de la constantia, e con la grandezza de la fede? niuno padri; e però risguardate al gran premio, che ne haurete in cielo, et al buon nome, che ne lasciate in terra. e ciò facendo ringratiatene il Signore. udendo i glorificati, e tormentati huomini ciò, che diceua loro Caterina risposero o Vergine, queste pene ci sarebbero giuoco, s'elle non fosser minori de le nostre colpe; essi dissero si fatte parole, e furono intese se bene erano formate ne le uiscere del terribil destriero, pero che uscir fuora de lo aperto de la sua bocca con si pietoso suono, che parue che egli hauesse humana la uoce come haueua humani i piedi.

Non parlar piu altro le persone afflitte; peroche il fuoco, che haueua fatto tutto rosso il metallo nel quale erano chiusi; gli destrusse fino a le ossa senza poter consumare pur una dramma de la fortezza, che gli fece costanti nel Signore; onde le loro gradite anime, abandonando i lor corpi ignobili per la origine, e degni per il martirio; se ne andarono doue tuttauia chiama le nostre; la immensa compassion di colui, che sol le puo consolare con lo eterno de la diuina beatitudine. intanto è riferito a Massentio come lo ardire de la uirilita di Ca

terina; s'è auanzato sopra il martirio de i guardiani esen-
ti. Coloro, che raccontarono a sua Maestà il successo de
la lor passione dissero, o Cesare tutto quel di misero, e di ca
lamitoso, che si puo uedere in creatura del mondo, è nulla
a paragon di quanto se ne è uisto ne le uite di quegli, che
sono stati distrutti non come ghiaccio al Sole, ne come cera al fuoco, ma come carne smunta in su lo ardente de le
bragie uiue: nientedimeno Caterina con audacia piu, che for
te, e con fortezza piu, che audace senza niente di sbigottimento gli ha essortati al patire con una di quelle faccie,
che altri suol mostrare ne le prosperita di colui, che si ama;
onde non giuraremmo, che tutti i circunstanti se ne siano ri-
tornati a casa con la religion di prima. turbossi lo Imperadore ne lo udir ciò: qual si turba il tiranno, mentre nel ga
stigare questo, e quello sente il mormorar di quello, e di
questo; e nel conturbarsi uenne in ira quasi un, che regna
per forza; quando la sua crudelta propria non puo dilatarsi
in altrui secondo l'ordine del furor, che il moue. a la
fine perche si sapesse, che egli non riteneua in se ueruna hu
mana indulgentia, ne alcuno zelo di pietade; deliberò di
esperimentare in lei la estrema terribilita de i tormenti; on
de fattasela menar dinanzi le disse, Caterina egli si apres
sa l'hora tua auuenga, che tu non lasci Christo per gli Idoli? et ella a lui; la uostra o Imperadore è scelerita pensan-
dolo non, che a dirlo; adunque io mi torrò da la mia dolcezza, da la mia dilettione, dal mio rifugio, e da la mia
speranza per darmi a le uostre amaritudini, a i uostri odij,
a i uostri rifiuti, et a le uostre disperationi: io dico cosi sog
giunse ella; perche tali effetti promoueranno in uoi le ini-

que adorationi; ma uoi non dite forse a me cotali cose, ma
a quegli, che non sanno eleggere il bello, il lieto, et il
beato del paradiso dal sozzo, dal dolente, e dal perdu=
to de lo Inferno. ma perche uediate, che io bramo di offe=
rir per Christo la carne, et il sangue, come egli offerse per
me, pregoui; se i prieghi han luogo in uoi, che non mi si
indugino i tormenti.

Siati fatta la gratia rispose ghignando Massentio; certo
io son contento che tu offrisca il sangue, e la carne per
lo Iddio tuo; e perche tu uegga, che io esaudisco le tue sup
plicationi: comando, che si prepari fra tre giorni, quat
tro Rote sparte di chiodi aguzzi, e di rasoi taglienti so=
pra le quali sia legata costei accio, che i rasoi, et i chiodi
la satiano del piacere di quei martirij, che ella mi chiede.
oltra di questo uoglio, che ogni sorte di gente de la citta;
uenga a uedere, come io concio coloro, che preuaricano i
miei precetti, ne i nostri Iddij. il furibondo de lo Impera=
dore non disse noi comandiamo, ne noi uogliamo, ma
io uoglio, et io comando, acciò si conoscesse nel singular
de la parola, lo assoluto de la potestà sua: ne per altro uol
se, che ognun comparisce a ueder la crudeltà del tormento,
che per ispauento de i christiani, e di chi cercasse il battesi=
mo. tosto che i Prefetti Cesarei intesero lo inhumano gri=
do del suo esferrato comandamento; ordinarono le quattro
Rote; due contrarie a le altre due, e due opposite a le due
altre acciò, che queste di sotto, repugnanti a quelle di so=
pra: nel moto del lor girar ueloce le fendessero, e le so=
rassino non pure le membra, e l'ossa, ma l'anima et il co=
re. ne lo intender Caterina la inaudita, la terribile, la cru

dele, e la infernale inuentione di morte, disse con intrepida uo
ce; perche non debbo io desiderare un martirio, che aguagli
in qualche parte a la passione patita per me dal Signore e
ciò detto ella; fu rimenata nel carcere, ne la quale subito
giunta, si diede a la oratione con tanto infocato feruor
d'animo, che il suo core, la sua mente, et il suo spiri
to infiammati spiritalmente, mentalmente, e cordialmen
te; gridarono Caterina o tu supplica Iddio, che ci facci
tollerare lo incendio, o tu cessa di orare.

Gia era sparta la uoce del caso de la buona Vergine per
ogni contrada, per esser costume de la fama il dilatare i
suoi inditij ne le orecchie de le genti, come ne le lingue
de i popoli si dilatano le nouelle de le cose temute, o spe
rate. e perche a Massentio piaceua, che il supplitio di Ca
terina fusse tragedia nel conspetto d'ognuuo: da ciascu
no era spettata lhora prescritta a ciò. intanto le ruote, che
nel publico de la piazza si lauorauano da chi sapeua lauo
rarle; haueuano d'intorno gran tumulto di brigate parlan
ti secondo, che la natura, la conoscenza, et il uero le face
ua parlare; onde i giudicij erano in lor uarij, come la ua
rieta de i uolti loro. diceua alcuno mentre le comtemplaua
cosi ua per chi fa quel, che non dee. altri toccandole escla
maua o misera giouane, perche questo a te? altri se stupiua
che ella non morisse; solo a pensare, come ella haueua a mo
rire. eraci chi affermaua, che tornarebbe a gli Idoli tosto,
che le fusser mostrate le ruote. questo teneua per certo, che
ella restarebbe ne la solita pertinacia; quell'altro mosso da
la pieta di lei; maladiua la ostinatione del suo animo. ma su
bito che la machina fu commessa insieme, onde potea ueder

si ; con quale apparenza di crudelta ella si dimostraua horribile : non si uidde persona, che non si riempiesse di spauento conciosia, che lo stuolo de i rasoi, e l'ordine de i chiodi; pareuano minacciare col fiero de i lor tagli, e col mortale de le lor punte fino a quegli, che speranano ne le gratie de gli Idoli. compiuto il magistero empio, de la mole tremenda; il corso del cui riuolgimento si essercitaua con ispedita uehementia, e con facile moto, si fece intendere a Massentio ; la iniquita del quale ne hebbe quel piacere, che si trahe de le cose lecite, e generose. ma non si creda, che un si fatto caso fusse occulto a la Imperatrice, a Porphirio, et a i caualieri couuertiti a Christo da lui. ueramente il cor loro ne languiua con passione intrinsica, ma non sapendo che farsi ; con uoce tacita pregauano il Signore, che gli spirasse cioche haueuano a fare : e permanendo ne la solida fede bramauano di morire in uece di Caterina. e standosi in si grande angonia giugne il giorno deputato a la passion di colei per cui essi gemeuano : e perche i gridi, i tumulti, et i rimescolamenti de le cose, de le genti, e de la citta si faceuano udire, sentire, et ueder per tutto ; l'anime de i buoni amici di Giesu erano triste, come le faccie loro. ne andauano, ne si uolgeuano in luogo, che non udissero fauellare con, che il di proprio si deueua affligere Caterina ragionauane la corte, parlauene la nobilta, e contauene la plebe : solo i caualieri, solo Porphirio, e solo la Imperatrice intendendone il tutto, il tutto ne taceuano.

Ma perche non piange questa penna? perche non lagrima questo inchiostro? perche non langue questa carta? perche non sospira chi legge. e perche non geme chi ascolta in che mo-

LIBRO

do Caterina figlia di Re, paragon di beltade, eccellenza di natura, uaso di dottrina, erario di sapientia, pompa de i costumi, elegantia di laude, e luce di gloria se ne uenne non al diporto de i giuochi; ma a la passion de i martirij. o ue ramente infelici, o ueramente inutili, o ueramente miseri mortali; ecco la fanciulla uergine, che uede quelle ruote forti, che scorge quelle ruote ferme, e che scerne quelle ruote fiere; ne le cui forze, ne le cui armi, e ne le cui asprezze si hanno a squartare, s'hanno a conquidere, e s'hanno a sfendere le sue membra care, le sue carni uaghe, e le sue ossa tenere, ma non, che ella se ne contristi; non, che ella se ne sgomenti, e non che ella se ne quereli; non perde pure un punto del ridente posto ne i begliocchi di lei, da la gratia del naturale splendore, et affigendo il core a Christo nulla temeua di quanto uedea di horribile. legghisi, scriuisi, parlisi, pensisi, et odasi con opprobrio di noi, che non pure in seruigio di Dio, ma in propria salute nostra non sosteniamo senza stridi, e senza lamenti uno spuntar d'unghia, ne un punger di dito; ma guai al mondo se la misericordia di Giesu fusse meno, mal per le nostre anime, s'ella non fusse immensa. riguardi il Saluatore; a la fragilitade humana, e non a la malitia. ponga mente la pieta sua accio, che lo mosse a redimerci, e non a quel, che ci prouoca a offenderlo. ceda la giustitia, che dee punirci, a la clementia, che puo saluarci; peroche noi siemo huomini, et egli è Dio; per la qual cosa il perfetto de la perfetissima perfettion sua non sopportara, che a noi segua il gastigo; secondo le colpe de la imperfettissima imperfettione de lo imperfetto nostro.

Voleua Caterina prima, che il suo patir cominciasse orare publicamente al Signore; ma in quello, che ella chinò le ginocchia per gettarsi in terra, fu rileuata suso dal repentino impeto de i uili carnefici; la maluagità de i quali indiscretamente le trasse l'honesto uestimento con atto piu, che uillano; e spogliatola ignuda tirar gliocchi a se peroche essi, et i circonstanti ismarrirono la uista ne lo splendore del suo delicato, del suo terso, e del suo casto corpo. peroche egli era tale, qual saria una compositione di perle chiare, lucide, e tenere se mosse dal polso; e da la lena uitale agitassero in lei il consortio de gli spiriti, e le uirtu de i sensi. l'auuertenza de la uergogna spiegatole sopra il uelo puro de la honestà mondana; uetò al temerario de gliocchi, et al profano de le mani altrui il comprendere in lei, et il toccare a lei tutto quello, che a lei, et in lei non era lecito di toccare, ne di uedere. Ma ecco (mentre l'adattano in su le ruote crudelmente crudeli) i nuuoli, che si congregano, ecco l'aria, che si oscura, ecco i lampi, che balenano, et ecco il Cielo, che tuona, e tonando il Cielo, balenando i lampi, oscurandosi l'aria, e congregandosi i nuuoli: il gielo del timore ua penetrando le uiscere de la moltitudine con si nuouo sfauento, che a pena le turbe sentiuano stridere il terremoto; le cui uiolenze alterardo le uene de la terra; scoteua talmente ogni cosa mobile, che la città accennaua di profondarsi ne le gole de gli abissi. ma quel, che dileguò ciascuno, che puote fuggire; fu il piombar giuso d'una nube cerchiata da grandissimi raggi di fuoco sottile, nel denso corpo de la quale stauasi ritto in piedi un drapello di Angeli armati del terrore, e del furore de la giustitia di Dio.

Giunti i militi de i diuini esserciti, sopra le rote crude, il chiaro, e l'oscuro, che rischiaraua, et oscuraua i uolti de le turbe ferite dal presto di quel lume, e dal ratto di quelle tenebre, che ne lo apparire, e ne lo asconderfi la luce de i baleni, ne i baleni fi uede: diuentar tutti di fuoco stabile, peroche il folgorare de le fiamme, de le quali ardeuano con diuina face i nuntij di Dio; allumino ogni cosa. intanto le gran rote fur tocche da i uolanti spiriti, e perche ne le lor forze fi staua la uolonta del Signore; in un tratto udissi, et uiddessi spezzare lo istrumento, il qual deueua lacerar Caterina; con si stupendo, con si horrendo, e con si tremendo rumore, che aguagliandofi al cader di piu saette, a lo scoppiar di assai cannoni, et a lo stridor di molti uenti; saria come a simigliare il sospirar d'un petto al fremer de l'Occeano: onde le madri lattanti si ristrinsero i figliuoli in seno, dispersero le grauide l'humano seme, ricaddero i solleuati pur al'hora del male, morir gli infermi, ismarrirfi i giouani, e perdettero i sensi i uecchi. oltra di ciò il rimbombo non solo scosse i monti, crollo i boschi, e squasso i piani, ma fece tremare questa, quella, e quell'altra regione. tremò da la parte de l'Oriente il confine, che tiene l'alma Alessandria con la Giudea, con l'Arabia petrosa, e con il seno eritreo. hebbe paura dal canto del Settentrione il termine, che lo diuide dal mare Egittiaco, e sbigottì dal lato de l'Austro il sito che lo diparte da la Etiopia: onde il gran Nilo fiume celeste: commosso da lo inusitato fremito ritenne il ueloce del corso con si turbido aspetto, che piu tosto pareua il letto de le sue onde, che l'onde del suo letto: ne altrimenti fi risen-
tirano

tirano i sepolcri di Memphi in Piramide admirande, che se fussero stati tanti arbori assaliti dal fortissimo fiato di Borea. Non escano così spesse, ne così uiue le fauille tutte di fuoco, quando fuggendo sotto i colpi de i martelli cadenti da le braccia di coloro, che gli essercitano sopra de l'ancudine; spargano di se stesse ogni cosa d'intorno, come uscirno i rasoi, i chiodi, et i legni de le rote tocche da l'ira de la equita diuina, posta ne le mani di quegli Angeli, che Iddio mandò in uendetta de la Vergine sposa del figliuolo di lui. ma per esser i legni, i chiodi, et i rasoi auentati da la uehementia del ualor superno, piu impetuosi, piu forti, e piu mortali, che non sono e mortali, et forti, et impetuosi i folgori gettati da la tempesta del furor del Cielo: guastarono quattro millia de le uite di coloro, che riguardauano il martirio preparato a la innocente fanciulla; con il pessimo de la uolontade perfida. Non fu mai turba in qual si uoglia conflitto così mal concia, come era la gente percossa dal giuditio di Christo, e da l'armi de le disfatte rote, pero che i rasoi affilati, i chiodi aguzzati, et i legni schieggiati, gli portar uia le membra con il miserando de la miserabile miseria; per la qual cosa giaceuano in terra i corpi infidi con attitudini horride, e con gesti brutti. ne si potean guardare senza racapricciarsi peroche le ferite, che si uedeuano in loro, erano crudelmente uarie, et oscuramente diuerse conciosia, che i rasoi tagliarono quelle tempie, quei colli, quelle braccia, quei busti, quelle gambe, quelle coscie, quei piedi, e quelle mani, che gli fece tagliare il caso. i chiodi passarono quei petti, quei dossi, quei costati, quei uentri, quegli stomachi, quei fianchi, quelle fac-

N

cie, e quelle rene, che la sorte pose inanzi a le lor furie, et i legni uolando oltre in pezzi infiniti ruppero quanti uolti, quanti capi, quante bocche, quante gole, quanti seni, quante spalle, quanti fianchi, e quante ginocchia gli fece incontrar lo impeto. tal che i sangui mescolati con le ceruella, e le ceruella miste co i sangui, et i sangui, e le ceruella con le teste aperte, e con le carni lacere erano la minore oscurità, che si dimostrasse iui; peroche la somma di tutta la destrutione de i corpi; appariua nel discoprirsi là un busto senza il resto de le membra, e quà un membro senza il resto del busto. qui si uedeua il corpo con una gamba, et un braccio, et quiui un petto ritenente in sul collo quasi la metà d'un capo senza altro. in alcuno si riconosceuano tutti i corporali istrumenti, ma in ogni parte conquisi, et in altro poi triti talmente, che non riteneua in nessun lato pure una minima ombra de la figura d'huomo. scorgeuansi molti caduti tutte insieme; e tutti morti in un tempo hauer fatto un monte de i loro istessi membri; da la cui effusione correuano i riui del sangue sparso, come corrono quegli de l'acque surgenti fuora d'una pietra recondita. fu cosa terribile il romor, che uscì da i caualli inalberati, e commossi da la paura, e da i colpi con che gli commossero, et ferirono i pezzi de le ruote onde le insegne, che fremeuono nel moto del uento, che le rincescoleua; squarciandosi con lunghe strisce su i tronchi de l'haste proprie; erano portate dal furor de i legni fracassati insieme con gli huomini, e co i destrieri.

Nel mortale isconquassamento de le disfatte ruote; gli Angeli santi riuestirono la sposa de l'altissimo Christo; con l'habi-

TERZO

to contesto nel suo candore, da i celesti artefici; vagheggiando lei, che ne le temenze de la morte si era smarrita assai meno, che non si smarrisce una rosa ne le violentie del Sole. dipoi cantarono due de gli hynni, che si cantano nel conspetto di Dio: ma il primo entrò ne le caste orecchie di Caterina con sì chiara, con sì noua, e con sì grata melodia, che i suoi spiriti infiammati da sì alta dolcitudine; stauano sospesi in modo, che ella si pensò, che eglino se ne uolassero al Cielo, et il secondo fece sentire a la Imperatrice, a Porphirio, et a i Caualieri il placido, il molle, et il dilettevole de la sua harmonia, e mentre gli riempierono i petti di flebile dolcezza; l'anime loro soauemente rintenerite, impressero in se medesime una gioconda, e santa passione. intanto la Vergine inginocchiatasi con zelo pio, e religioso, disse o Christo il raggio del tuo lume; il qual trascende ne lo intrinsico d'ogni core ha potuto uedere nel mio con, che animo sono stata offerta al supplitio da la cagione de lo amor, ch'io ti porto, e però solo ti dico, che tengo cara la gratia, che in me ha dimostrata la immensa cortesia de la tua ismisurata clementia: per grado de la lode, che ne risulta al tuo nome, e per lo acquisto de gli huomini; i quali pur confessaran la fede, che io confesso; e non perche io sia rimasa uiua: peroche io riserbo la uita (quale ella si sia) per qualunche martirio in gloria di te delibera di farmi prouar Massentio, il cui petto ne i tuoi miracoli è di peggior tempre di durezza, che il cor di Pharaone; e però uedendo le guaste brigate non le uede; onde non puo metter cura accio che tu sei, accioche tu puoi, et accioche tu fai.

Mentre Caterina; memoria recolenda de la uirginal fortezza;

et mirabile essempio de la passion del martirio; ricondotta dinanzi a Cesare si lasciaua fulminar da i detti, che balenauano dentro a i nuuoli de la sua ira in uoce tonante. la Imperatrice; la quale da poi, che la bellezza de l'amor di Christo entratale per gliocchi; le trappassò nel seno piu ratto, che i raggi del Sole non trapassono i corpi celesti, o gli elementi, che sono di sotto fino a la terra: onde presa la mente di lei per eterna habitatione, l'adornò de la uera imagine di lui: non che si rammentasse del martirio di Caterina; ma rapita da lo estasi di quel pensamento, ch'estrahe l'huomo da i sensi; non sapeua pure di esserli alienata da se medesima, mercè del meditare in Dio. ella che tosto che diuenne fedele, diuenò sapiente per gratia; contemplando la diuina essenza con somma efficacia di zelo; raccolta tutta in se stessa, e ritratasi con tutte le interne uirtu a si fatta meditatione; pareua priua de lo anhelito, e de gli spiriti, che si mouano per l'arterie attrahendo lo aere fresco di fuora, e cacciando il già riscaldato di dentro. ma essendole anullato il piacere de la speculatione dal rumore de i gridi Cesarei; indouinandosi quel che era; si leuò da quella piu posto, che il sonno non leua i sentimenti a coloro, che egli adormenta in un tratto. e nel rammentare a Christo come il suo amore non era se non un disiderio di godere in unione la bonta dilui; se ne uenne in sala, et udendo ciò che Massentio diceua a Caterina, e quel che Caterina patiua, che le dicesse Massentio, esclamò, chi crederebbe, che un si magno Imperadore hauesse la fronte, e la mente senza luci, e senza orchi? adunque tu solo non uedi il Sole de i miracoli di Christo? non sai tu il numero de le persone, che hanno (se condo il merito de la perfida intentione) lacerate l'armi de le ruote tue? ma se in sù quegli, che si dilettauano ne la passione apparecchiata a questa Vergine; è caduta punition si aspra, come crediam noi, che sia il giudicio, che rouinera sopra di te, che sei autore di tanti mali? certo la tua inhumanitade ordina le pene ne la maniera, che il furore te le pon ne lo animo, e non come la clementia te le deurebbe tor de la mente; ne ti contorcere nel sogno; nel quale ti pare essere, ne lo udire da me ciò che tu odi; auuenga, che le lodi non si conuengano a gli ingiusti, sì come ancho i biasimi non si debbono a i buoni. e perche la mente forma le ragioni, e la lingua le parole; io ti fauello il uero di quel, che tengo dentro. ma se altri non dee mai dir cosa, che sia prudentia il tacerla; e temerita il parlarne, che è adunque quello, che suergogna chi lo pensa, e danna chi lo esseguisce, ne la foggia, che tu fai le morti de la innocente fedelta de i credenti in Dio?

Poteua la Imperatrice santa parlare in ogni guisa, che la uolonta le dettaua, peroche Massentio ne lo udire la prima parola di lei si perdè in modo ne l'ammiratione di ciò, che uscì di se, come di se esce colui, che uiene abattuto dal subito di quella percossa, che il getta giuso languendo. egli che non era differente da un di coloro, che agitati da lo ardore del parasismo dicono ferneticando cose uane, e senza ordine ismauiaua, et ismaniando intrigaua i gesti de le mani col mouimento del dosso, e col mouimento del dosso gli atti che gli crollauano la testa; distruggendosi tutto per non potere formar tanta uoce, che sonasse il comandare, che alhora alhora la disleal mogliera fusse data al tormento. ma ces

sando apoco apoco la passione, che pian piano se gli togliua
dal core cominciò a ridur se, in se; e riducendocisi,
pianse per isdegno, e per marauiglia. lo sdegno gli trasse le
lagrime, che pioue l'ira ne lo indugio de la uendetta; e lo
stupore gli cauò fuor l'acque, che distillano le uiscere nel
giugner de i gran casi, tal che Massentio ne lo spargere il
pianto causato in lui da i predetti effetti; simigliaua il sentimento d'una memoria insensata; ma tosto, che potè parlare disse in uoce rauca non siam noi propheta? ecco, che il
fuoco pronosticato nel nostro partir de l'altrhieri; ci abruscia la casa nel modo, che temeuamo. acquetosi Massentio
nel cosi dire, peroche il pensiero gli tolse le parole de la lingua, e dandole a la bocca mentale; gli rimprouarò il perse-
guitare la religione altrui in grado de gli accrescimenti proprij, e non con gloria de gli Iddij suoi; il cui peccato lo
sforzaua a porre al supplitio la sua consorte, le sue delitie,
la sua pompa, il suo diporto, il suo rifugio, il suo amore, il suo sonno, la sua uigilia, e la sua letitia. esso non
poteua fugire (se ben fusse stato piu benigno; che non era
indomito) di non condennare al martirio quelle membra,
quelle carni, quei sangui, e quelle ossa, che pur hora erano et ossa, et sangui, et carni, et membra di lui. egli
obliato in tutto le carita, i basci, et gli amplessi maritali;
cacciato fuor del petto ogni affetto di lei, e de la memoria
ogni ricordo del nome suo, ritenendosi solo la crudelta, la
destinò al supplitio, accio, che i popoli toltisi da ogni paura,
e da ogni riuerentia; sotto il presidio di si gran donna, non
si battezzasser tutti: per la qual cosa poteua anichilarsi non
pur lo Imperio di Roma, ma pericolare la sua uita anchora.

tal che ritornato al parlare disse, da che prima si satiaran gliocchi di uedere, e le orecchie di udire, che noi ci satiam mai di punire con ogni spetie di cordogli; qualunche si sia, che ardisca di rifiutare il sacrificio de gli Idoli; leghisi costei che non ci è piu amica, ne moglie. il cor nostro, che l'ha bandita da le sue interne affettioni, col farla indegna de le imperiali corone; comanda, che le siano suelte con aui istrumenti quelle poppe, che le albergono in seno, e ciò sia chiaro testimone de la indegnatione, che ci moue contra a chi non inchina gli Iddy nostri ne la disobedientia di noi.

S i come la Luna per esser la compositione sua di lume solare, e di tenebre terrestre è chiara, e scura: cosi Caterina ne lo udire ciò, che deliberò Massentio de la non piu di lui; ma del Paradiso Donna; si mostrò lieta, e dolente; lieta per la salute, che ella conoscea dedicata a l'anima de la amica sua, e dolente per non poterle tener dietro nel camino, che deueua condurla in Cielo. ma perche la occasione il concedeua disse tacendosi Cesare: o Reina da Dio eletta concio sia, che hoggi lo stato transitorio ui si cangia in uno Imperio sempiterno, et in uece del mortal sposo acquistate lo immortal marito; è ben degno ch'io mi rallegri con uoi; da ch'io comprendo nel parlar saggio, che hauete fatto al Tiranno, che il Signore ui è ne la lingua, come nel core. non rispose la Imperatrice ne a Massentio, ne a Caterina, però, che a l'uno non potè bonta del suo retirarsi in camera tosto, che commesse, che oltra al trarle da le radici le poppe, fosse decollata. ne a l'altra uolse per non iscemare il pregio de lo effetto del suo martirio, col mostrar di contentarsene in parole, ansi che piacque sommamente a la

N iiii

Vergine, il cui diuino accorgimento conobbe la intention di lei ne la maniera, che l'occhio si uegga le cose de i primi Cieli con quelle, che sono ne la ultima circunferenza del mondo; e compresi tutti i corpi prossimi, e tutti i lontani; discerne le loro spetie, le lor sustantie, i lor colori, le loro splendidezze, le lor figure, il lor numero, le lor situationi, e le lor mouentie. la non piu consorte, e la non piu amica di Augusto ne lo andarsene secura nel pericolo, et allegra ne lo spauento; ritenne alquanto il passo, et uedendosi tutta la citta d'intorno non senza lagrime a gliocchi: per parerle caso horribile il martirio di lei, che soleua già saluare ciascuno errante ricorso sotto le ali de la sua mansuetudine.

Dico, che la Santissima Madama; ne lo affigersi un poco, disse a le brigate concorse a uederla; buon per le anime uostre se ne lo andar uoi doue uado io; altri ne mostrasse quella pietade, che di me mostrate. conuertitiui a Christo creature di Dio; e con lo essempio mio risoluteui a la fede, che non mente, et a la religion, che non manca. peroche egli è certo, che chi le ua dietro, passa inanzi a Massentio; peroche altro grado tengano i suoi serui fra gli Angeli, che non hanno gli Imperadori tra gli huomini.

La inclita martire di Christo espose il suo concetto, con il grato di quella maesta, e con il nobile di quella gentilezza, con cui ella soleua essortar le genti uinte da Massentio a sperare ne la clemenza, la quale già le parue, che fosse in quel suo animo auezzosi; ne lo essercitio de la crudelta, che si compiaceua in usarla; come i benigni si compiacciano ne gli uffici de la pietade. Benche la inhumanita è natural de i Principi come il tenace de l'auaritia: peroche a essi;

che mutano sì fatto uitio in uertu : pare che le armi de i suoi terrori confermino i regni : conciosia, che il crudele del proceder di lei induce in altrui quel timore, dal qual nasce lo spauento, che con le forze de le continue uiolenze tiene i sudditi col capo basso, e con le spalle chine. ma tornando a colei di chi parlo dico, che gran numero di persone mosse da la gratia del Signore posta ne la fauella, ne l'autorita, e ne la degnitade di sì chiara Madonna credette al Crocifisso ; non senza letitia di Caterina, l'auertenza de la quale si stupiua de le sententie graui, e de i detti egregi di colei, che doppo il dire le sopradette cose ; si auiò al luogo in cui haueua a lasciare non pure il corpo senza spirito, ma la memoria de la sua fortezza, e de la sua fede. e mentre ella passaua oltre ; la marauiglia di ciò confondeua la mente de la moltitudine ; la quale non dando credenza a i gliocchi propri, negauano a loro stessi ; cioche scorgeuano lor medesimi : peroche sì come il uiso ne lo istrumento, ne lo ogetto, nel mezzo, e ne lo atto uince di eccellentia ogni altro senso, così il morire de la Reina pareua nel grado, ne la sorte, nel sesso, e ne la etade, che auanzasse qual si uoglia miseria. ma ecco la pia Signora fuor de Alessandria, eccola giunta doue se le deueua dare il supplitio onde i manigoldi, che la conduceuano a ciò ; ismarriti seco stessi sembrauano fere priuate de la ragione. de la qual tema accortasi la singular matrona, disse da, che il soribondo de la iniquita d'uno Imperadore non si uergogna di fare suegliere in me, quei due uasi, a i quali anchor egli prima ne la madre suggendo beuue ; uolete temerne uoi, che non sete pur l'ombra de la sua impieta ? esseguite adun

LIBRO

que cioche ui è suto imposto, che a me basta conseruare intere le mammelle de l'anima i cui spirituali alimenti mi nutriranno le fami de i sensi fin ch'io uiuo.

Nel'o udir Caterina Vergine; unico testimone de gli habiti illustri de le uirtu, e solo essempio de i concetti lucidi de la sapientia. ne lo udir dico cioche a i carnefici parlo la martire ammirabile: si uolse a lei dicendole, sappiate o madre in Christo, che il Sole illumina, e non uede: e l'occhio uede, e non illumina; ma il benedetto Iddio uede illuminando, et uedendo illumina, e perciò ben uidde, et alluminò, e bene alluminò et uidde il core alto di uoi degna di essere illuminata et uista, et uista et illuminata da gli occhi de le sue misericordie, e da le luci de le sue compassioni nel modo, che esse ui ueggiono, et illuminano. onde non hauete di, che temere; anchora, che la morte paia tremenda però, che la breuita del tormento ui fornisce di fare l'anima eternalmente, et uera, e netta, e chiara, et beata. auenga che il fine de lo amor diuino non consiste nel famoso de la fama, o nel glorioso de la gloria conciosia, che tali doni sono premij de le uirtu, e non fini de le opere di quella fede, che amando il Creatore ui consacra quasi statua perpetua; nel sempiterno conspetto di Dio onnipotente. hauea detto ella quando i giustitieri rincorati dal sicuro de la gran Donna; ficcarono i ferri de i taglianti astili ne le radici de le intatte mammelle de la constante femina, et distirpatele dal castissimo petto di lei, il suo nobile seno perdè quel delicato, quel candido, e quello splendido, che haueua posto in lui la gratia del natural colore, peroche in uece de i pomi, che tremolauano iui con il fauore de la honesta bellezza; rimasero due caue non meno horribili a scriuerle, che si fussero a uederle. usciua il gentil sangue fuor di quelle con abondantia estrema, e lasciando apoco apoco la sua uita senza l'humor de lo spirito non parea lasciarla, peroche la patientia, che le teneua l'animo nel sommo grado de la fortezza non comportaua, che il dolore la sbigottisse.

Acortasi Caterina piena di uirtu, d'ingegno, e di gratia; de la constantia incredibile de la gran famigliare del Signore disse a lei; il uostro ultimo atto è il fin beato di uoi; peroche amate Iddio piu, che l'utile de la cupidità, piu che il dilettabile de l'appetito, piu che il fausto del dominio, e piu che ogni altro honesto de la anima, e de la rational uolonta. onde copulata con esso non desiderarete altra uita, ne altro honore, ne altra allegrezza, ne altra luce, ne altra felicita, che quella di cui la sua bontade ui adornara lassuso con immortal preuilegio di felicita, di luce, di allegrezza, di honore, e di uita ueramente degna, che se le dica uita, honore, allegrezza, luce, e felicita. ma perche prima si annouerariano gliocchi di tutti i pesci marini, et i peli di tutti gli animali terreni, che le consolationi de i beni, che prouarete in paradiso me le taccio. sia a me la clementia del Saluatore secondo il piacere de la sua uolontade giusta rispose colei, che obliata tutta quella temenza, che ingombra altrui nel ponto estremo; uolgendo il core a colui, che parla col tacito de le menti, e col muto del silentio; distese il collo uago non piu cinto d'imperial monile; aspettando con l'humile de la constantia il taglio affilato de la spada cruda: la quale solleuata in alto da lo

LIBRO

empio de la forza iniqua, ferendo l'aria nel declinar giuso il colpo le tolse la picciola, e bella testa dal sacro, e degno busto, con molta effusion di sangue tepidamente caldo, e con somma letitia di Caterina retta ministra de le sante uolonta di Dio; et uera osseruatrice de i diuini precetti di Christo però, che l'anima de la reuerenda Matrona, che pur alhora giungeua a gli otto lustri; nel partirsi del uenerabil corpo la asperse tutta del liquor soaue de l'ambrosia celeste; per il qual miracolo ella se ne racquetò, e se ne ricreò come i sensi stanchi, e gli spiriti lassi si ricreano, e si racquetano ne le giocondita del sonno.

Porphirio, il quale nel ritorno di Cesare si disparò da la corte; onde per esser di suo costume lo appartarsene talhora non diede punto da suspicare ad altrui; sentendo la decollatione de la Christianissima Imperatrice gridata da le uoce publiche; corse diuotamente a ricoprir di terra quelle sue reliquie, che meritauano di esser ricoperte d'oro. in cotal mezzo l'antica prigione rihebbe la uergine Caterina. ma nel seguente giorno si udir le grida di molto romore, peroche non si trouando il corpo de la Donna estinta mosse in quistione tutta la moltitudine; onde Massentio alimento de la crudelta propria, condannò al tormento assai di quelle persone, che erano a lui solo sospette; per la qual cagione la paura occupò il core di tutta la citta conciosia, che gli inditij i quali danno i Principi medesimi a le istesse credenze; percuotono i popoli come gli consiglia il dispetto furioso de la suspition loro, e non qual si richiede nel dritto procedere contra quegli, che ueramente sono stati trasgressori de i lor comendamenti; tal che ne trema fino a

TERZO

la innocentia di coloro, che gli grandeggiono a presso. onde
è meglio di comporre insieme le foglie de le palme, et insieme ordinar la equalita de i uinchi e tessendone, et intricciandone sportelle, e canestri mangiare il pane nel sudor
del suo uolto, che seguitando i lor fauori sottomettersi a i
pericoli de la indegnatione di quegli, come di questi, e di
questi, come di quegli.

Intendendo il buon Porphirio, che il suo hauer dato honesto
sepolcro a l'honorato corpo de l'ancilla di Giesù Christo;
causaua il morire di coloro, che in ciò erano di nessuna colpa
se ne andò a lo Imperadore con quella serenita d'aria, e con
quella maesta di sembianza, con cui soleua andarui ne le prosperita de le sue grandezze. ma Cesare adombrato da le nebbie del sospetto, e da le caligini del disdegno; non prima
lo uidde, che il core presago gli diè due scosse nel seno:
tal che la mente (la cui prouidentia gouerna i sentimenti, et
ordina le uolonta) fornì in tutto di ranuuolargli il turbato
de l'animo, onde i suoi occhi, che goder già del rimirarlo;
torcendo le luci pareano hauer a schifo la faccia sua. pur
Massentio, che non sapeua di lui se non quel tanto, che il
comun non so che, gliene accennaua; lo riceuè con uiso nè
lieto, nè tristo. intanto si ode, che Porphirio gli dice; cessate o Imperadore di tor la uita a gli innocenti huomini;
peroche io son colui, io, io, che ho dato meritamente sepoltura a le sacrate ossa non di colei, che ui è moglie; ma di
quella, che è consorte di Christo. adunque si destinaua in
cibo a i cani quel corpo inuiolato, che è suto ricetto d'una
de le piu nobili anime, che mai habitasse nel mortal de la carne? egli deueria bastare a chi uole permaner crudele, lo esser

crudo senza cercare di aggiugnere crudelta a crudeltade: non rispose Massentio a si fatte cose; peroche il nominar egli christo lo accorò si, che piu nõ poteua accorarlo anchora che i quello istante hauesse hauuto nouella de la perdita de i suoi regni. ma se si potesse isprimere con la penna in qual maniera il furore, e l'ira mescolati con la mestitia, e con la suentura, in cui egli era immerso tentarei di scriuerlo; mà non si potendo dico, che se egli, che haueua preso il folto de la barba con lo stringere de la man sinistra; non si fusse grattato il capo con l'altra, onde appariua il moto del braccio : non saria stato punto differente da una de le sue statue sculpita in simil gesto.

R iuenuto Cesare nel suo primo essere; mosse a un tempo le parole, e le lagrime. oime disse egli piangendo; è dunque uero, che Porphirio nostro, che il nostro Porphirio letitia, e sicurezza del core, e de l'anima di noi habbia ingannato la fede, che sinceramente teneuamo in lui? ben si sa rispose egli, che in me non fu mai inganno, e che inquanto al senso le opere mie, in seruigio di uoi son conosciute dal mondo, e ciò dico non per gloriarmene, ma per iscarco de la fedelta osseruataui. hora circa lo interresso de lo spirito ; io son tenuto solo a Dio conciosia, che le anime altrui non debbon seruire alcun terreno Signore: onde rifiuto ogni ricchezza, ogni degnita, et ogni gratia, che la lunga seruitu mia ha ritratto da la magnanima in ciò liberalitade uostra. pero che sendo io riceuuto tra i fedeli christiani, come credente la lor legge non è lecito, ch'io mi adorni de le uanita mondane. trasse un forte strido Massentio ne la conclusione di Porphirio, e poscia disse dimmi tu, che sei si leale, e si derito: perche mentire la parola, che andando noi fuor de la regione ci promise di essere a i seguaci del crocifisso; quel che sempre gli saremo noi? io rispose Porphirio ue lo giurai con il core, ch'io haueua alhora, e non con questo, ch'io tengo adesso; onde non debbo sopportare, che egli il quale è cosa de la ternita, paghi ciò che ui deueua quel, che era cosa de gli Idoli. e Massentio a lui; aih perfido oltre i perfidi, et ingrato oltra gli ingrati è possibile, può essere, è il uero, che tu a me secondo nel dominare, e ne la ubbidienza; mi renda un così fiero, et un così inhumano guiderdone? uenghino a noi i caualieri, che gli demmo per serui, uenghino tosto: perche uogliamo, che sappino in cio che riesce il senno, il procedere, et il fine del Capitan loro, e del fauorito nostro.

Compariti i nobili soldati ne la sala grande del gran palazzo: non prima fur uisti da Cesare, che egli se ne andò in uer loro con dire (in uoce imperiosamente libera) o fedeli amici de i seruigi nostri, e da le altezze di noi; hareste uoi mai pensato, che quel Porphirio, quello dico tanto amato, e tanto essaltato, e tanto remunerato da le intrinseche uiscere del nostro core; hauesse rinegati uillanamente gli Iddii patrij? Non sarebbe l'huomo prudente, e degno: ne degno ne prudente huomo; se non lo hauesse fatto risposero eglino; peroche Christo è infinito, et uero, et gli Idoli sono finiti, e falsi, si che non si biasimi la lode, e non si lodi il biasimo. sia Porphirio in gratia al Signore, et in disgratia a Cesare, che in tal sorte consiste non pur saluation sua, ma la nostra anchora conciosia, che noi conoscenti Iddio per bonta di lui, speriamo andar con seco a godere de i beni de la eterna uita. Se si mettessero insieme stizza con istizza, collera con collera, ira con ira, dispetto con dispetto, impeto con impeto, e rabbia con rabbia, e poi uersasse il uelenoso, il fiero, il diabolico, lo iniquo, il terribile, et il crudele e de la rabbia, e de lo impeto, e del dispetto, e de l'ira, e de la collera, e de la stizza ne lo altero, e nel superbo de la superbia, e de l'alterezza non agguagliariano la minor parte del furore, che inebriò l'animo di Massentio udendo il parlar de i ducento caualieri. egli hormai foribondo haueua le fiamme ne gliocchi, e le schiume ne la bocca come Lucifero, et uolendo parlar mugghiaua quasi Thoro indomito. egli sputando tosco cacciò da se con l'horrendo de la sua furia pericolosa i Satrapi, che gli stauano intorno: e perche di quanto haueua detto non s'intese altro, che il taglisi il capo a Porphirio, et a i di lui seguaci: in un tratto la brigata santa fu in preda di mille armate persone ne si creda, che la inuidia (emula de le prospe rità) non aiutasse a ire inanzi la sententia; peroche il maluagio di lei non solo odiaua il grado del buon Porphirio, ma scoppiaua fin de la gratia marauigliosa, di che egli hauea ripiena la faccia.

Quello animo, e quel consiglio, che il terror de la morte suol fugare da le menti, e da i petti: non si slungò punto da Porphirio, ne da gli altri; onde la paura non hebbe tanto di luogo ne i petti, e ne le menti loro, che ella ci potesse spargere pur uno de i suoi spauentosi sbigotimenti, et il fune, che auinse le braccia, e le mani de i Caualieri non legò già le mani, ne le braccia del magnanimo Heroe, perche egli era di cotanta fatal riuerenza, che niuno ardì benche fusse in sì

TERZO

se in sì fatto stato; de ingiuriarlo con quei lacci, che per amor di Christo desideraua. ma perche la lode è piu bella ne le bocche de i giusti, che non è il Sole ne le cime de i colli; i martiri gloriosi sentiuano alto piacere udendo laudarlo da le parole di Porphirio. e come il sonno ristora la natura, cosi tal laude consolaua il lor core. essi non piu rozi ne lo intendere, ne piu ruuidi ne i discorsi; e d'altro istrutti, che de la disciplina de l'armi attendeuano, et intendeuano cio che di Dio doppo il lodarlo fauellaua l'ottimo duce; riempiuti sopra tutti del zelo d'una salda fede. ma perche a lei ogni cosa è possibile; solo con lo affetto de la sincera credulita si rendeuano certi de la salute loro. ma ecco, che la christiana, la fedele, e la forte compagnia giugne in su la riua di Nison; le cui acque irrigano il mezo di Alessandria, onde parue a chi poteua esseguire cioche gli pareua; che lo stuolo de i buoni si decollasse iui; forse percheil fiume ripieno del sangue giusto, testimoniasse al mare, che lo riceue la crudelta di Massentio.

F ermatesi le turbe ne lo argine del fiume predetto; l'ordine fu, che i martiri si recassero al supplitio in modo, che a le teste cadenti ne le onde si potesse gettar sopra i busti, da i quali le disparò il ferro. ottenne Porphirio prima, che il tormento cominciasse; di orare al Signore, e di parlare a i Caualieri. quello, che egli si dicesse a Christo non s'intese per che il dir suo fu mentale, ma le parole dette a i suoi si udirono conciosia, che la lingua d'un tanto Principe le formò in cotal senso. Chi poteua imaginarsi mai, che noi concetti nel peccato, partoriti nel dolore, alleuati ne la fatica, et uissi nel pericolo hauessimo a morire in salute? cangiando la speranza di poter uincer gli huomini, con la certezza di hanere ad habitar con gli angeli? adunque la misericordia del Saluatore è tanta, e si fatta, che si degna che noi, che sta mane hauiam desinato insieme in terra, ceniamo ista sera insieme in Cielo? certo se ci fusse piu dura cosa, che il morir per Christo; da che ne segue il premio, che ce se apparecchia morendo, direi per piu merito nostro, che tentassemo di uscir de la uita per uia d'un piu strano fine; peroche è poco patire la morte, che patiamo in acquisto di tanta immortal gloria. ma poi che l'hora ultima del nostro uiuere sonata tosto; io fratelli uoglio, che mi uediate il primo nel martirio; come ancho mi hauete uisto ne le pugne, peroche non è lecito che resti in dietro adesso, chi andò inanzi sempre. non disse altro Porphirio, ma recatosi in ginocchioni con la piu gratiosa cera, che mai si gli uedesse nel uolto gratioso; porse il collo a quella spada, che balenando sibilaua; ma non pote colui, che la girò con forza estrema percuoterlo: conciosia, che Iddio se ben non iscampò mai niun dal martirio per non torre il grado a la sua fede, et il guiderdone a i suoi serui, peroche ne l'una si dimostra la gloria di lui, e ne l'altro la uirtu de chi per lui patisce non consentì, che morisse di coltello, chi haueua deposto l'armi nel confessargli il nome. per la qual cosa egli, che si auuide del miracolo ne prese tanta letitia, che restringendosi con tutti gli spiriti; de lo spirito ne lo insopportabile de le dolcezze sue, spirò l'anima; onde gustò una di quelle morti felici che sentirono Moisè, et Aron con gli altri antichi beati: i quali morendo per la bocca di Dio basciarono la diuinita sua.

Tosto, che Porphirio si uidde cader morto senza colpo di ferita l'ira, che i manigoldi presero di ciò fu in uece de lo

stupore, che in ciò deueuano prendere, onde lo auentarono
ne l'acque; le quali sonando nel riceuere la percossa del cor
po greue, sospinsero le loro stille in alto. dipoi fatta una
gran fila de i condennati a la pena capitale; non si uedeua
altro, che sfoderare, alzare, et abassare daghe, scimiter-
re, e spade di sottil lama, di affilato taglio, e di larga pia
stra: i colpi de le quali con subito ferire toglieuano le teste
a i costantissimi serui del Signore, i cui occhi mirando in
terra con atto ridente mostrauano farsi beffe de gli abissi. ma
perche i mozzi capi ricadeuano nel fiume secondo il disegno
de gli empi; onde riceuenti questo, e quello speseggiauano il
rimbombo del suono, come il cielo ne i suoi nuuoli speseggia
il replicar de i tuoni. e se ben gl'infedeli non istimauano i
miracoli per credergli illusioni di magici artefici; non resta
uano però di non marauigliarsi de i corpi, che non andauano a fondo; ne del sangue, che si staua a sommo da per se;
ma con un lustro simile al lucido, che mostra l'olio sopra il
chiaro de l'acqua con cui non si rimescola. benche la somma
de la comune ammiratione era il uedere le teste, che anda
uano a ritrouare i lor busti, ricongiugnendosi con i colli, e
con le gole natiue. in tanto i pesci non pur non corsero a sa
tiarsi de le lor carni sante; ma scostandosi da quelle, reue
riuanle con atto humano; uscendo tutti de le cauerne, che gli
albergono, solo per fargli miracoloso honore. ma i christiani
ridotti doue Nison lasciaua la città, raccolti i corpi, che se ne
ueniuano a seconda de l'acque; gli diedero honesto monimē-
to sopra tutto custodendo le sacre reliquie di Porphirio iuito.

V dendo Caterina piu, che altra uergine adorna del prudente
de le serpi, del semplice de le colombe, del puro de gli ar

mellini, e del mansueto de gli agnelli; qualmente Porphirio, et i compagni haueuano piu tosto uoluto perdere il corpo che l'anima, per parergli piu di lor salute la fede, che la uita: ne rende gratie a colui, che sotto legge di comandamento eterno pose le arene per termine del mare: tal che il trito di quelle, et il liquido di questo si riuolge, e gonfiasi tra le sue polueri, e tra le sue onde senza partirsi da i confini, e da i leti stabilitigli. ella che si staua ne la prigione nutrita del cibo superno; non gustaua cosa miglior de la speculatione; gli inditij de la quale forniuan tuttauia di mostrarle come la uera beatitudine consiste ne la cognition di Dio, in cui sono tutte le cose perfettamente, et essentialmente; et egli solo è la prima, et assoluta causa loro, egli solo è la unione che le produce, la mente che le guida, la forma che le informa, e la uerita, che le dirizza: esse sole, da lui solo; solamente uengono et in lui come in ultimo, et uero fine ultimamente ritornano: peroche egli è quel atto puro, e quel intelletto supremo; dal quale il tutto dipende. onde cioche ci è ha bisogno di lui, et egli di niuno. esso uedendo se medesimo, ognun conosce; e nel ueder se solo, da se proprio è ueduto. ma perche la uision sua è una sola, e somma unitade; tutto quel, che di lui può discernere, chi lo puote uedere è per dono de la sua bonta conciosia, che il picolo intelletto nostro, benche lucido non può trascendere ne la conoscenza de lo infinito Iddio; se la gratia diuina non gli è lampa, come ancho il senso del uiso se bene è chiaro; non è sufficiente di conoscer le figure; se la luce del Sole, distribuendo il suo raggio in lui non lo illumina. lo aprir del carcere, che si fece da i mandati di Massentio; ruppero il profondo de la meditatione a la Vergine cotanto pregata, cotanto ammonita, cotanto minacciata, e cotanto tormentata da la Cesarea niquitia; onde ella se ne uenne al conspetto suo con la solita fronte. ma perche l'empio Augusto le fermò il guardo nel uiso, e le drizzò la lingua ne le orecchie, attendeua a lui senza far motto.

Risoluto Massentio di non differir piu oltre il supplitio di Caterina disse a lei; ecco donzella in essempio de le ostinate perfidie tue il martirio non pur di Porphirio, e de i caualieri; ma di colei, che fu Imperatrice, che mi è suta moglie, e che mi era uita. per la qual cosa mutato consiglio ti concediamo il riuolgerti a noi, che ciò facendo sarai la prima nel palazzo nostro a nullo altro secondo: e succedendo in uece di colei, che per mezzo de le tue malie lasciò e gli Idoli, e noi, sarai sublimata con l'humile de la riuerentia da quei popoli, che subliman noi con il reuerente de la humiltà, come sà il mondo. e per piu tuo fausto meneremoti a Roma patria del senno, habitation del ualore, albergo de i triomphi, e riceuo de la gloria; et iui i tuoi simulacri procederanno a le imagini de i uincitori de le genti; peroche cosi uorremo, e cosi ci piacera si che parla, e parlando fa noi contenti, e te beata; se non domane perirai di coltello. et Caterina a lui se la morte de la Imperatrice, de i caualieri, e di Porphirio mi spauentasse; perderei piu, che non han guadagnato essi per non ispauentarsene, e però non ne fauello; ma dico bene, che se l'esser sposa a Massentio, e chiara in Roma fusse da piu, che il rimaner casta, e lo star con iddio; hor hora consentirei a le uostre richieste: ma essendo e Roma, e Massentio piu inferiore a ciò, ch'io ho detto, che

O iii

non è il corpo a lo spirito, e lo Inferno al Cielo; mettase pu re in essecutione ogni pensier, che di me fate; che in uero io sono apparecchiata a morir per Christo, e non a campar per gli Idoli. e Cesare a lei; deh uieni Caterina in consorte di noi; deh uienci Caterina, poi che il far ciò ti prescriue la uita, et la grandezza con pace, e con letitia nostra. co testo non consentirò gia io respose ella: peroche mentre fa ciam bene confessiamo Iddio, come lo confesso io a non mi piegare a le uoglie di uoi, e qual io uerrei a negare conceden doui cio che dite. taciutasi un poco la giouane, soggiunse; sappiate Imperadore, che la eccellente degnita de le uergi ni; consiste nel conseruarsi in quella pudicitia cotanto lauda ta dal giudice sempiterno conciosia, che la uerginita è so pra la conditione de la humana natura, e maggior, che l'an gelica; peroche gli angeli uiuano senza la carne. e le Ver gini de la carne triomphano et è certo che il casto de la Donna è fiore del germine ecclesiastico, ornamento de la gra tia spirituale, leue indole de la lode, e non solo la piu illu stre parte del greggie di Christo; ma opera intera, et incor rotta da la imagine di Dio: tal che saria da biasimar le noz ze, se non fosse, che il matrimonio genera la uerginita, la quale è uicina al Creatore, sorella a gli angeli, et innata al mondo. in somma per esser miglior cosa imitare in carne la uita angelica, che per la carne accrescer il numero de i uiuenti; e perche è tanta differentia tra lo sposalitio, e la castita, quanta tra il far bene, et il far male; uoglio piu tosto per amor de la uerginita serrar gli occhi nel mortal sonno, che per uia del maritale effetto aprirgli ne la uital ui gilia. io non uanto o Cesare la pudicitia per esser ella meco,

ma il faccio per gradirla in modo, che ella non se ne habbia
a partire. hor more uergine, et abietta; da che non uuoi uiue
re sposata, e degna gridò Massentio. dipoi maladicendo la ca
gione, che lo sforzò a indugiarle il suplitio cómise, che il dì
seguente le fusse disperata la testa uaga, dal busto sacro.
Non si mosse punto Caterina, ne lo udire; cioche udi in pre
giuditio de la sua immatura uita; peroche il sauio, che pas
sa il fiume non pon mente ne l'acqua, che gli corre sotto;
perche sa bene, che la debilita del senso, che si perde nel
ueloce del corso con il raggirargli intorno la memoria; lo
abatterebbe giuso: ma guardando la riua opposta a quella;
da la qual si è partito; uarca oltre con lo intero di quello
animo, con cui la Vergine aspettò di fornire le sue fatiche in
gloria del Signore, e tenendo la uista del core intenta a l'ar
gine de la salute, non temeua di pericolare nel trappassar col
piè de la fede, il tormento del martirio. e così ritornata nel
carcere per sapere, che l'oratione è uita de l'anima; orò a
Christo con un zelo si affettuoso, si ardente, si intenso, e
si efficace, che piu di efficace, d'intenso, di ardente, e di
affettuoso non si puo desiderare da uerun beato, ne d'al
cun santo. ella raccomandandosegli come persona errante, e
non come donna giusta; dimostrò il peccato, che puo sem
pre essere ne la fragilitade humana, et il timore che ogni
hor si dee hauer del fallire; peroche altro è il perdere il
Mondo, altro il Cielo, altro il Paradiso, et altro Iddio,
come ancho è altro l'andare ne lo abisso, altro lo starui, al
tro il patirci, et altro il non hauer mai a uscirne. Disse
Caterina al Signore; io son certa, che si come la bellezza
de la luce solare, s'imprime piu compiutamente nel diapha

LIBRO

nio sotile, che nel corpo opaco, cosi la gratia de la bontade tua si stampa piu perfettamente nel cor virgineo, che in un petto immondo. onde spero, che ella abbondi nel mio, che a te casto pudicamente uiene: riputando il martirio al tuo dono et non al mio merito si, che sij meco non quale io bramo di esser teco, che non ne son degna: ma inquanto basta al capace di me che bramo di essere in te. Tacquesi Caterina nel fin di tali parole; peroche mai in ueruna sua attione temporale, o spirituale non diparti il temperato da l'honesto, ne il misurato dal ragioneuole: e perche Iddio sa cioche uol l'huomo inanzi, che egli apra, la bocca per chiedergli; fu sempre breue ne lo orare: il qual richiede affetto di mente, e non lunghezza di lingua. hor ella che haueua a lasciar tosto il dubbioso per il certo, e l'occulto per il manifesto si distruggea ne lo indugio; parendole l'animo un millesimo circa il prouar quel fine, che ogniun fugge per esser l'ultimo de le cose terribilmente tremende. e standosi in aspettar la morte; Christo la salutò con le parole de lo Angel suo; il quale hauendola colma di consolation diuina si parti da lei che si rimase allegra ne lo spirito, e non dolente ne la carne. Parendo a gli essecutori de la decollation de la Vergine, che fusse l'hotta del morir suo, per non dar piu occasione di refutar gli Idoli a i gentili, che premossi da i continui miracoli di lei; cambiauano legge, religione, e fede i la ordinarono poco di lunge a la porta de la prigione sua. onde uenuti a lei si stupirono nel parergli impossibile, che il nobile del suo uiso fusse adorno de i colori, de la fidanza, e non de i pallori de la tema. e se niente fusse mancato a fornirgli di marauiglia l'animo; il sollecitar ella; che

essi spedissero il loro ufficio ci suppliua. Se io hauessi a di
mostrarla ad altri con la proprieta de la comperatione di:
rei, che quando Caterina si offerì a la morte; era simile
a una hostia sacra, la quale bianca, et semplice, e pura;
leua in alto il sacerdote conciosia, che le staua Giesu nel
core non come egli uiene dentro nel pane, ch'e troppo a di
re : ma come ei suole stare nel petto de i maggior santi.
Non è fiore nel suo stelo, ne uiola ne la sua ciocca, ne rosa
nel suo spino, ne giglio nel suo gambo uagamente sparto
dal candor niueo de la bella natura, che potesse pareggiarsi
a quel leggiadro, a quello eminente, a quel gratioso, et a
quello altero, che in se mostraua la elegantia di quel gesto
con cui la Vergine inginocchiosse in terra. ella compose
il bel uolto a le soprane parti, disse o speranza di chi ti cre:
de, o salute di chi ti cerca, o bellezza di chi ti ama, o glo
ria di chi ti segue; io mi rallegro con il giugner de l'hora
cotanto bramata da me, che per te moro ; qual son per te ui:
uuta; si che prendi questa anima serua de le tue gratie, ancil
la de le tue misericordie, figlia de le tue pieta, e sposa de
le tue compassioni. ma auenga, che i miei prieghi non siano
superbi, e troppi, pregoti con il core, che tu mi scorgi, con
l'anima, che tu mi uedi, con la mente, che tu mi scerni,
e con l'animo, che tu mi scopri, che in accrescimento de la
fe de i credenti, et in augmento del zelo di chi sia per cre:
derti, che qualunche riguarda la bontade tua nel mistero
de la passione mia; adimpia ciascun uoto, che sono l'appa
renza del nome ch'io ho, porgera a te che sei fauor del tut
to, e redentor d'ogniuno.

E ra Caterina (oltre le sante santa) dotata in modo de lo spiri:

to prophetico, che la sua mente teneua in se gli essempÿ de i
futuri auuenimenti; non come le Idee tengono in loro le pre
notitie diuine de le cose prodotte, ma ne antiuedeua tanto, che
bastaua al uerificare la somma de i pronostichi fatti da lei,
che preuedendo come ne i secoli futuri deueua essere piu,
che altroue, uenerata la memoria del suo martirio in Ischia;
Isola fortunata, non per hauerci habitato parte de i popoli
Euboei, e molte de le genti Eritree, non per la copia de le
minere auree, non per la uaghezza del sito, non per l'abon
dantia de le cose, e non per i miracoli de i fuochi nascenti;
ma per le uirtu innate, e per l'armi inuitte del sopra huma.
no Marchese del Vasto Colonna de la prudenza, Arco
de la immortalita, Colosso de la fortezza, Meta de la cor
tesia, Piramide de la lode, Mole de l'honore, Amphitea
tro de la fama, Ara de la gloria, Imagine de la giustitia,
e Tempio de la clemenza. Dico che ne lo antiueder Cate
rina in quale, et in quanta speranza di ottener gratie da
Dio haueua a porre il patir suo l'huomo supremo; ripi
gliò la fauella, e ripigliandola accordata l'attitudine con
gliocchi, gliocchi con la uoce, la uoce con le parole, le pa
role col subietto, il subietto con il core, il cor con la fede,
la fede con la uolonta, e la uolonta con Dio, disse o
Christo io non uo dirti, come nel cerchio di quella Pithacusa,
la quale è posta nel mar Thireno, a lo incontro di Parteno
pe, nel quinto Clima a lo undecimo pararello; l'anno de
la salutifera incarnatione de lo Spirito santo M.D.XXXX.
fiorira con gesti inusitati, e con isplendore insolito, il Retor
fido de le insegne elette di Carlo d'Austria; giusto familiar
di Dio, et ottimo Imperador del mondo; peroche in te la

TERZO

uedi, e uedendotelo a lui, che a quei tempi sara ueramente infiammato dal zelo de gli accrescimenti de la christiana religione, destini la palma del tuo pio, e sacro monimento: ma prego ben lo immenso de la diuina miseratione, che nel riguardare a la bonta di un Principe si alto, et a la diuotione d'un Caualier si grande; adempia i uoti, che per mezzo de le intercession mie, dee porgerti il sincero del cor suo. oltra ciò io supplico te per quella steme, che certifica il mio uenirti apresso; che ti degni ne i giorni, che apparita tra i mortali il Baron singularmente sommo: di por mente anche a colei, che i tuoi cieli di consenso del lor fattore gli daranno in Consorte: poneraile mente Signore, peroche ben sai, che ella stando a lato al gran marito, non pur uincera con il lume de la bellezza; la bellezza del lume, che si uede ne la stella, che ua dinanzi al Sole; ma sara ornamento, e delitie de la Natura; et riputatione et uanto de le creature. e perche nel correr la etade sua con laudabil piede sul piano felice de i cinque lustri, e mezzo; uedrassi appresso il thesor caro di sei figliuoli non meno propitij a le necessitade gli huomini, che si siano altretanti de i tuoi piu larghi influssi spargele le sopra del tuo fauor perpetuo. ma perche le orecchie de la prophetia odano, come ueggano le sue luci io ueggo, et odo le presenze et i nomi di Maria di Aragona, e di Alphonso Daualo mente de la honestà, et animo de le uittorie, come la Luna, et il Sole, è animo, e mète de la notte, e del dì. però habbi cura o Iddio e di loro, e de la prole de i due; ecco che in ultimo raccomando a le tue pieta Francesco Ferrante, Inigo, Cesare, e con Beatrice; et Antonia; quel Don Marco al cui natale dedico il nome, la serenita di

quella eterna republica del cui Impero haura protetion per
petua il uerace Euangelista tuo.

Fornì Caterina l'oration sua con dire a Christo io so, che i
miei prieghi non saran uani, peroche essendoti presenti il
gran Padre, la gran Madre, et i gran figli uedi, che io ti
chieggo gratia per gente, che temendoti, et amandoti ca
minara per l'orme de i tuoi preceti in caritade, in giustitia,
et in clementia. ma perche i Santi intercedano a Dio per
chi gli inuoca col merito, e con lo affetto, col merito quan
do ci fan parte de i propri doni, e con lo affetto alhora, che
le nostre preci si adempiano; tacendo la Vergine udissi una
uoce del Cielo, che disse, il giusto de la tua richiesta è regi
strato nel libro de la uita de le anime; onde sara quel che
brami che sia. poi soggiunse, uieni al tuo nido colomba mia,
uieni formosa mia. nel cosi udirsi tonò il Cielo, tremò la ter
ra, e sbigotti la turba; la impieta de laquale ritenuta fino alho
ra da la potēza de l'orar di Caterina; pur uiddero spegnere
il lume del suo santo uiuere. rimase la testa bella in sul bu
sto uago de la Vergine sacra: conciosia, che il sotile de la
spada che percosse radeua di sorte, che passando oltre il col
po, non parue esser tocca, non che mossa di luogo. ma perche
trahendo la ferita tanta copia di late, quanta ne deuea trar
di sangue; si puo ben credere, che tal miracolo ci dimostras
se come la passion di lei era suta, et haueua a essere nutri
mento di molte anime. tosto che il generoso spirito mosse da
lo albergo terreno, per andare a la magion superna, apparue
un lampo dal Cielo si fatto, che solo col folgorar de i raggi
messe in fuga le genti, che amministrarono il morir de la
Vergine: ma perche piacque al sommo sposo di lei, che gli

honori del suo corpo, e le glorie de la sua anima si diuides
sero in due; ecco uno stuolo di Angeli, et ecco una schiera di Santi quegli presero le reliquie degne, e questi lo
spirito eletto: dipoi leuandosi a uolo e questi, e quegli, i
Santi si auiarono inuerso il Paradiso con l'anima chiara;
et gli Angeli in uer il Sinay con il corpo rilucente.

Hauendo piaciuto al Signore di far Caterina piu generosa
d'ogni altra martire; e di fede piu constante, et apresso
darle maggior zelo ne la mente, piu estrema carita nel core,
e piu gran fortezza ne l'animo; piacquegli anchora, che i
grembi de i suo Angeli, e che le braccia de i suoi Santi
portassero il cadauero pretioso; e lo spirito beato nel sepol
cro, e nel Cielo: peroche le attioni del nobile operar di
lei fur tali, che le sue ossa meritar la pace, e la sua anima la salute. onde lo aspetto de la terra, la faccia del ma
re, il uolto del fuoco, il uiso de l'aria, il fronte de le stelle, il
ciglio de la Luna, et la uista del Sole non è si illustre, si lim
pido, si uiuente, si sereno, si lucido, si candido, e si splenden
te, come furono e splendenti, e candide, e lucide, e serene, et
uiuenti, e limpide, et illustri i costumi, le gratie, le uirtu, le cari
tadi, le clementie, le discipline, e gli esempli di Caterina giouane, degna, casta, pia, grata, forte, e singulare. è fama che
il Re Costo, la Imperatrice, Porphirio, i caualieri con qualunche altro coronato da la ghirlanda del martirio mercè de
la diuina gratia, e bontà de le essortationi sue; fussero i San
ti, che accompagnarono al regno Empireo Caterina, ne gli
spatij del quale giunse mentre la spoglia del mortal di lei com
parse ne lo inaccessibil monte per opra de gli angeli, che lo por
tar iui. ma perche l'humano di ueruna lingua non può espli

LIBRO

care le superne cose, tacendo il come ella fu riceuuta ne la beatitudine de le allegrezze celesti: dico, che gli Angeli, che giunsero sopra lo eccelso del gran monte, con il singular corpo di Caterina uergine, paruero un groppo di nuoui Soli portanti una nouella Luna, et auuenga, che in lei fusse estinto l'humor caldo, che per esser suggetto de gli spiriti mantiene l'aura de la uita, riluceua ne lo immaculato de la sua gelida carne, come riluce la neue nel puro del suo gelato candore. intanto il luogo in cui la posarono i messi di Dio, adornò le sterilita di lui, con il fertile di che si uestì lo aprico di quel colle, e di questo. Ma in quel che il monte cominciò a participare de la terribilita di che si uidde cinto alhora, che il Signor diede a Moise le semplici, le breui, e le ueraci leggi sue; lo smisurato de lo horribile dorso gli uerdeggiaua d'herbe non più uedute iui, ne men da uedere altroue. ben che il lucente d'una improuisa nube ricoperse con l'ali del suo splendore ogni cosa d'intorno. tal che il mar Rosso, lo Egitto, e l'Arabia poteua scorgere i miracoli nel Sinay, non altrimenti, che il Sinay si scorga le marauiglie e de l'Arabia, e de lo Egitto, e del mar rosso. il giogo del gran monte con inuidia del petto, de la schiena, e de la fronte de l'Olimpo, del Tauro, e de lo Athlante, mostraua nel riceuere le reliquie ammirande de la sposa di Christo, di quella somma alterezza, de la quale si uidde acceso quando il Principe de la prole giudaica consultò con Dio sopra lo spatio de le sue cime eccelse, e perche in uece de la tromba sonata alhora, udiua una harmonia talmente dolce, che benche ei fusse horrido, deserto, hirto, et alpestro, se ne risentiua; qual si risentono gli antri, le

TERZO

cauerne, le grotte, e le speluncbe ne la risonantia de i uenti, che sibilando si raggirano ne le lor uiscere.

Mentre la melodia superna riempieua la terra, e l'aria con soaue temenza di piacere inusitato; ecco unirsi le uoci angeliche con la musica de gli stormenti diuini; gli inauditi accenti de i quali ne lo arrestar gli uccelli in sul uolo, fermarono ancho i passi del fiume che nel correre interno; bagna quasi i piedi del glorioso predetto Sinay. ma se l'Vrbinate Marc'antonio mouendo con dotta uehementia; la mano illustre su per le auree, et argentine corde; trahe a sè gli spiriti di chi lo ascolta come si crede, che il suono et il canto de gli Angeli a sè rapisse il moto, e lo immoto de le cose che erano immobili, e mobili sul capo, e ne le membra del monte auenturoso? Non rimase ne gli orti celesti ne acantho, ne iacintho, ne narciso, ne gelsomino, che non si offerisse a le mani beate di chi gli coglieua per ispargene l'urna de la Vergine; onde la pioggia de i gelsomini, de i narcisi, e de iacinthi, e de gli acanthi dipinsero sacramente et santamente il sasso santo, e sacro, in cui si riposaua (stillante liquore d'olio salutifero) il sacro, e santo corpo di quella Caterina, e nobile, et eloquente, e saggia, e pudica, et eletta, e constante, et chiara: il corpo, e lo spirito de la quale è uenerato in terra; e glorificato in cielo: peroche ella uiuendo, e morendo in Christo confessò, osseruò, laudò, confermò, essaltò, moltiplicò, honorò, et illustrò la sua religione, la sua legge, la sua fede, il suo battesimo, il suo spirtosanto, la sua essenza, la sua ternita, e la sua beatitudine.

Il fine del terzo et ultimo libro de la
uita di Caterina Vergine.

A M. FRANCESCO PRISCIANESE.
M. PIETRO ARETINO.

Io fino a qui mi fon tenuto uertuoso, non per altro, che per sapere d'essere amato da le uirtu del Guidiccione, del Molza, e del Tholomeo fiati del decoro, anime de le scienze, e spiriti del giuditio. ma nel sentire amarmi da uoi, che sete il senso de la carita, lo affetto de la beniuolentia, e la uita de l'amicitia; mi tengo buono anchora. e se ben conosco, che l'amor che mi portate è per una certa oppenione, che ui fa lodare i miei andari; onde non ne son degno, come uoi di quel, che io ui uoglio per una uera ammiratione, che mi moue a guardare le uostre bonta; piacemi sopra ogni cosa di hauerui per testimone di cioche ui par ch'io sia. Veramente il uenir di uoi qui, mi fu prescritto da i Cieli, la cui prouidentia uedendo che l'opera uostra (piu necessaria a chi uol diuentare huomo, che non è l'acqua et il fuoco, a l'uso de gli huomini) non era a tempo a instruire la mia ignoranza; suplì col farui comprendere come io, che non so piangere la fortuna mala, ne dolermi de la pouerta pessima; mi uiuo mercè di quella libera uirtu, che auuenga ch'io moia fara fede, che io non nacqui indarno. Hor per tornare a la compositione comandatami da i preghi del Marchese del Vasto Magnificentia de l'humano genere, ecco che io ue la mando secondo l'obligo de la parola mia, e mandandouela, ui scongiuro per quello affetto che ci ha legati infieme con la catena de la eterna fratellanza; a uoler mostrarla a Rauenna, et a Ridolphi Cardinali senza menda, e Signori senza auaritia, peroche mi basta, che la lor clemenza bia

P

simi la uergogna de la fiamma, che non abruscia le gotí di coloro, che mi aborriscono, non per i fregi, che il giusto de la mia penna gli ha fatto in jù la faccia del nome; perche eglino, che non hebber mai titolo di lode sanno bene, ch'io gli ho debitamente uituperati; ma per hauere introdotto il leggere le cose di Christo, là doue il temerario de la hipocrisia, che gli essalta non è atto a introdurle. egli è chiaro che saria poco lo inginocchiarsi a i piè di quei uasi di eletione assunti in grado per hauere la simulatione nel uolto, la menzogna ne la lingua, e la fraude nel core; se pur una carta de i uolumi, che Iddio mi spira a comporre; uscisse fuora segnata con la degnita di quegli arroganti, che in uece di amare i buoni; perseguitano chi non gli odia, onde ho piu paura ne lo scriuere le historie sacre, che non ho hauuto piacere nel cantare i lor uity conciosia, che con l'uno stile gli feci noti, e con l'altro gli faccio infami; ma spero (se le stelle non ci rubano lo effetto de le promessioni loro) che Roma non piu rifugio de le genti, no piu madre de le uirtuti, non piu patria de le generosita, non piu capo del mondo, non piu albergo de i Santi, e non piu seggio di Christo ritornara noi uiuendo, e seggio di Christo, et albergo de i Santi, e capo del mondo, e patria de le generosita, e madre de le uirtu, e rifugio de le genti. per la qual cosa i giusti essulteranno ne la felicita di cotal giorno. et io correndo a la corte, che hor fuggo, uenuto nel concilio de gli amici ueri, alimentaro il mio animo con la dolcezza de la conuersatione del chiaro Aldouarandini, del buon Nardi, del giusto Giannoti, de l'ottimo Pescia, e del perfetto Becci. e mentre Lodouico, Simone, Donato, Iacopo, e Seluestro huomini di integra fede, di singular ualore, di prestante senno, di illustre grido, e di Christiana pietade non isdegnando il mio comertio; mi accettaranno nel collegio loro, fornirò di rallegrarmi ne la conoscenza del gentile Nicolò Ardinghelli e legantia de i costumi, gratia del sermone, modestia de la giouentu, et osseruanza de la religione.

A SANTA CATHERINA
M. PIETRO ARETINO.

Tu, che odiasti egualmente il corpo, e il mondo
   Per veramente amar l'anima, e il Cielo:
   Onde l'ardor di sì pudico zelo
   Ti fè il martir piu, che'l regno giocondo.
O spirto solo a gli Angeli secondo
   C'hai il puro, et humil terreno velo
   S'ul monte oue Mosè tremante, e anhelo
   Vdì di Dio l'alto sermon profondo
Impetri dal Signor la tua mercede,
   Che il buon Daualo Alphonso homai sia vi(sto
   Mouer per l'Asia il generoso piede
Acciò consacri doppo il santo acquisto
   La statua pia de la Cesarea fede
   Incontro al sasso ù fu sepolto Christo.

A SANTA CATHERINA IL CLARISSIMO M. DANIEL BARBARO.

O pudica ne l'opre, e ne i pensieri,
  Che per fede seruar, sprezzasti i regni,
  Le Ruote, i Ferri, e gli idolatri sdegni
  Vincendo humile, i tuoi nemici alteri.
E però i merti, e gli ornamenti veri
  De la tua castitade eterni segni
  Son del fauor di Dio talmente degni,
  Ch'ei vol, che la sua gratia in te si speri.
Riuolgi adunque al grande Alphonso il ciglio;
  Che brama torre al monstro d'Oriente
  Il fuoco, il tosco, e l'uno, e l'altro artiglio.
Inuitto scorgi il suo valore ardente
  La doue di Maria languido il figlio
  Il fio pagò de l'uniuersa gente.

A SANTA CATHERINA
M. LODOVICO DOLCE.

Vergine; a cui le Rote & l'altre tante
 Pene, fur dolce cibo di dolori
 Ardendo il cor con puri amici ardori
 L'alta bellezza de l'eterno amante;
Riuolgi a noi le chiare luci sante,
 Et mira Alphonso; ch'a gliantichi honori
 Cinto di mille il crin, mirti et allori
 Richiama col suo essempio il mondo errante.
Vedi com'ei ne ua caldo & ardente
 Di domar l'Asia, e incatenar le spalle
 Al barbarico popol d'Oriente.
Poi prega Dio, ch'in questa oscura ualle
 Col raggio di pieta chiaro & lucente
 Apra al giusto desio l'angusto calle.

REGISTRO.

A B C D E F G H I K L M N O P.

Tutti sono quaterni eccetto P che è duerno.

In Vinegia per Francesco Marcolino da Forlì.
Nel'anno del Signore M D XXXX.
Del Mese di Decembre.

CON PRIVILEGIO.

PETRVS ARETINVS.

www.ingramcontent.com/pod-product-compliance
Lightning Source LLC
Chambersburg PA
CBHW071946160426
43198CB00011B/1559